# PREFÁCIO

Se você, meu amigo, está lendo estas falas, devo estar morto ...

Brincadeirinha). É uma maneira positiva de eu decidir começar minha história sobre um dos maiores Batmen do nosso tempo. Sem as maiores descobertas deste homem milagroso, eu não escreveria estas coisas agora e você, portanto, não as leria (por alguma razão, o espírito de Richard Pryor ainda não me deixa :-) Bem, nós podemos discutir questões sérias coisas com um tom bem-humorado, pois todas as piadas contêm alguma verdade, e nossa "piada" tem muita, mesmo não comprovada, mas, ainda assim, verdade. Então coloque seus óculos engraçados cor de rosa e vamos sair em uma jornada sob o lema "Inteligência".
Meus livros anteriores (que você leu, espero) foram dedicados à Blockchain, Bitcoin, negociação de criptomoedas, hackers e outros papos.
E uma bela noite, enquanto bebia rum dominicano junto à lareira, surgiu uma idéia brilhante: parar de torturá-lo com coisas complicadas e começar a escrever sobre coisas simples. Ou seja, sobre a pessoa mais comum que fez um negócio nada comum - ele inventou o protocolo da primeira criptomoeda. Todo cachorro no meu bairro e no seu sabe muito bem o nome deste homem. Vamos falar sobre Satoshi Nakamoto.
E aqui, pessoal, a história mais interessante começa: apesar do fato de até sua avó saber o nome deste cara,

ninguém nunca o viu. Mas espere: você o viu pessoalmente? Não? Nem eu! Este Satoshi simplesmente aparece do nada, faz bem para você e para mim (afinal, a Bitcoin é boa, certo?) e, silenciosamente, retorna a si mesmo, para o outro mundo. É difícil entender por que ele prefere sentar no banco de trás, e não descansar sobre os louros e aproveitar a glória.

Ele podia, pelo menos, ganhar mais seguidores no Instagram ou YouTube, e anunciar algum tipo de creme dental, não podia?

De qualquer forma, a identidade de Satoshi Nakamoto ainda não foi revelada, e tenho certeza de que esta história parece um pouco chata para você. Como adoro cutucar merda desde a minha mais tenra infância (quero dizer, "esclarecer as questões difíceis de serem respondidas"), decidi fazer algumas perguntas sobre esta questão também. Se você é do mesmo tipo de cara inquieto, como eu, então vamos fuçar juntos nessas merdas (riscadas) de teorias da conspiração. E nossa jornada parece muito excitante, acredite em mim.

Para não deixar você cansado com as histórias sobre apenas um homem, decidi também contar sobre minha investigação a respeito de algumas manipulações e sacanagens no mercado de criptomoedas (sim, mano, você leu corretamente - manipulações e sacanagens). Todos eles mentem - começando nas bolsas de valores e terminando com uma criptomoeda específica. Seja paciente, você descobrirá tudo.

# Baleias Bitcoin

*Caras que Enganaram o Mundo.
Segredos e Mentiras no Mundo Cripto*

ALAN T. NORMAN

Tradutor: Duda Junqueira Machado

A pessoa criativa dentro de mim não quer transformar estes rabiscos em um trabalho sem talento, então, estruturei minha investigação no gênero "Peça".
Mais adiante descobriremos o número de atos, e, agora, posso apresentar a você o elenco de personagens:

- O próprio Sr. Satoshi Nakamoto
- Geeks, que criaram a Blockchain com fé em um futuro brilhante
- Eggheads, que abriram as primeiras bolsas centralizadas para moeda descentralizada (soa como um trava-língua, não é?)
- Negociantes de HFT, que descobriram uma nova criptomoeda mundial
- Bancos, que aprenderam a resolver seus problemas (longe da Blockchain), usando criptomoeda
- Mercado de Balcão (OTC Dealers) e sua capacidade de economizar dinheiro de figurões

Então, pegue sua pipoca, fique a vontade e vamos!

***P.S. imagens de alta resolução do livro***
*http://bit.ly/btcwhales*

# Capítulo 1: Satoshi Nakamoto, deixe-me ver você!

## Como tudo começou...

O projeto chamado Bitcoin foi criado em 2009 por um certo Satoshi Nakamoto (ou por um grupo de pessoas sob o pseudônimo Satoshi Nakamoto). Este homem simplesmente postou os materiais informativos na rede em que descreveu, em detalhes, sua moeda descentralizada. Mais tarde, ele também abriu a primeira carteira de criptomoedas e lançou a rede propriamente dita.

Embora Satoshi Nakamoto seja chamado de criador da Bitcoin, vale a pena notar que 90% do desenvolvimento neste campo tinha sido feito por outras pessoas antes dele. No entanto, Satoshi ficou em primeiro lugar em:

1. Nome da Bitcoin
2. A ideia do uso da Bitcoin

No início de sua existência, era muito fácil minerar Bitcoin, não custando quase nada. Qualquer um poderia instalar o software apropriado e "criar" centenas ou até milhares de Bitcoin para si mesmo. Em um momento tranquilo, ninguém pensou que a Bitcoin chegaria a quase US $ 20.000, em um distante 2017. E como essas pessoas não podiam mergulhar no futuro, eles estavam desperdiçando suas Bitcoin para todos os lados. Basta mencionar a história de um cara americano, que comprou duas deliciosas pizzas por BTC 10.000. Oh, gostoso)) O cara se deliciou com pizzas no valor de vários milhões de dólares, a preços atuais! Mas essa é uma outra história.

Bitcoin começou com afirmações muito incisivas. Vamos lembrar delas (ou comemorar, LOL):

- Descentralização: a incapacidade de qualquer um de influenciar a moeda de qualquer maneira
- Irreversibilidade das transações: ninguém é capaz de cancelar ou bloquear transações
- Anonimato: é quase impossível estabelecer a identidade de uma pessoa que cometeu esta ou aquela transação
- Disponibilidade de criptomoeda para iniciantes: por exemplo, a emissão de criptomoedas ocorre através de cálculos de computador, de modo que qualquer pessoa que tenha um computador mais ou menos normal pode criar um pouco de criptomoeda para si mesmo.

Então, o que temos hoje, em suma, e quem realmente está por trás de todas as sonoras promessas para a humanidade?

O interesse da sociedade no criador da Bitcoin aumentou em sincronia com o crescimento da popularidade da criptomoeda, mas a resposta final à pergunta "Quem é este Satoshi Nakamoto?" e se ele existe, ainda não foi encontrado. Tudo o que sabemos sobre o desenvolvedor da Bitcoin é seu apelido no site.

O usuário estava ativo através de um sistema de servidores proxy, permitindo preservar o anonimato da conexão de rede. O perfil também indicou a informação de que o usuário morava no Japão e, na época, completou 37 anos.

Para clarificar a imagem deste homem fantasma, usarei dois artigos pessoais de memórias dele (ele queria ser famoso, você vê). Portanto, expresso formalmente minha gratidão ao Sr. Nakamoto pelas informações fornecidas, o que ajudou muito na minha investigação. Para mim, não era apenas um conjunto de letras, mas alimento para o pensamento, de verdade .

Então, sério, irmão, tá demais!

Então, todo o material que você lerá abaixo é baseado em apenas duas fontes:

- Bitcoin Whitepaper (um artigo de Satoshi Nakamoto, publicado em 2009: https://bitcoin.org/bitcoin.pdf)
- Um livro do Sr. Nakamoto (https://www.amazon.com/gp/product/B00M6KGJ 2K/)

Excluirei destas fontes informações chatas, como o algoritmo SHA-256; este livro não é sobre essas coisas obscuras, então galera, não se preocupe, sirvam uma taça de vinho e continuem lendo.

Então, a primeira pista em nossa investigação é fornecida pelo próprio Sr. Nakamoto, que, apesar de todo o seu desejo de permanecer anônimo, se entregou ao se confundir com os fusos horários, quando estava postando nas redes sociais e fóruns. Acontece que o

cara não escreveu do Japão, mas da costa leste dos EUA.
Se você duvida, então saiba que não é palpite meu . O
próprio Satoshi contou sobre este "vacilo" em seu livro.
O que mais o Sr. Nakamoto nos disse sobre ele mesmo?
No livro. ele é econômico com as palavras sobre si
mesmo, mas ainda assim: ele disse que trabalhou como
assistente de laboratório de TI em algum instituto, e sua
mãe estava envolvida em escrever naquela época, mas,
aparentemente, ela não tinha sido boa nisso, já que
Satoshi disse ter ela tinha sido impopular (muito menos
do que outros, sim?:) Satoshi tinha vinte ou trinta anos
quando criou a Bitcoin.
Nakamoto também observou em seu livro que o inglês
não é sua língua nativa.
No entanto, alguém editou seus textos! A mãe dele,
talvez?


## ALMA MATER

A identidade do misterioso Satoshi Nakamoto sempre
levou os jornalistas a alguma forma de suposições
loucas , já que muitas pessoas têm sido consideradas
criadoras da Bitcoin. Havia mesmo, supostamente,
algum tipo de evidência. O australiano Craig Wright, o
americano de origem japonesa Dorian Satosi Nakamoto,
o professor Nick Szabo, o estudante irlandês Michael
Clear... Não é a lista toda de possíveis criadores da
Bitcoin. Mas não estamos parando no pouco de

suposições dos outros, mas sim em realizamos nossa própria investigação pessoal.

Então, coloque sua roupa de mergulho e vamos mais fundo.

Diante dos fatos descobertos anteriormente sobre o local de residência de Satoshi Nakamoto, primeiro tive que me lembrar quais cidades pertencem à costa leste dos Estados Unidos, quais sejam:

Boston, Portland, Providence, Hartford, Nova York, Newark, Buffalo, Albany, Filadélfia, Baltimore, Washington, Richmond, Norfolk, Raleigh, Charlotte, Columbia, Charleston, Atlanta, Savannah, Jacksonville, Orlando, Tampa e Miami.

Como nosso Satoshi se entregou, falando que era assistente de laboratório de TI em algum instituto, devemos encontrar todas as universidades com educação de TI da vizinhança.

Usei o site  www.study.com:

Purdue University, Ashford University, Georgetown University, Baker College Online, Strayer University, Regent University, Capella University, Lincoln Tech, City University of Seattle, The Art Institutes, Lewis University, Virginia College, Penn Foster Career School, Saint Joseph's University, Penn Foster High School, Utica College, Brightwood College, The University of Scranton, Colorado Christian University, Fortis College, University of Delaware, CDI College, Altierus, Stanford University, Harvard University, University of Pennsylvania, Duke University, University of Notre

Dame, Vanderbilt University, American National University.

Você acha que eu sou louco o suficiente para bisbilhotar todas estas universidades? Sim, eu sei que sou um pouco louco, mas nem tanto! É mais fácil para mim encontrar outro cara muito mais "louco", que fez esse trabalho antes de mim. Encontrei um homem assim em [www.bitcointalk.org](www.bitcointalk.org). E o que este cara fez? Ele encontrou 114 estudantes do sexo masculino, que procuraram nas redes em suas universidades as informações sobre criptografia.

Quero ressaltar que, naquela época (em 2012), o livro de Nakamoto ainda não havia sido lançado.

Aqui está uma lista dos nomes dos potenciais estudantes de TI:

1. Adhikari, Avishek    Indian Statistical Institute, Kolkata    2004
2. Applebaum, Benny    Technion-Israel Institute of Technology    2007
3. Arrighi, Pablo    University of Cambridge    2004
4. Avoine, Gildas    École Polytechnique Fédérale de Lausanne   2005
5. Aydos, Murat    Oregon State University    2001
6. Baier, Harald    Technische Universität Darmstadt    2002
7. Bak, Daniella    City University of New York    2000

8.  Barak, Boaz        Weizmann Institute of Science        2004
9.  Batina, Lejla        Katholieke Universiteit Leuven        2005
10. Benits, Jr., Waldyr        Royal Holloway, University of London        2008
11. Bentahar, Kamel        University of Bristol        2008
12. Bisson, Gaetan        Technische Universiteit Eindhoven        2011
13. Bisson, Gaetan        Institut National Polytechnique de Lorraine        2011
14. Bone, Eric        Brandeis University        2004
15. Boneh, Dan        Princeton University        1996
16. Brassard, Gilles        Cornell University        1979
17. Bregman, Ido        Hebrew University        2009
18. Broadbent, Anne        Université de Montréal        2008
19. Cachin, Christian        Eidgenössische Technische Hochschule Zürich        1997
20. Chandran, Nishanth        University of California, Los Angeles        2011
21. Chee, Yeow Meng        University of Waterloo        1996
22. Chor, Ben-Zion        Massachusetts Institute of Technology        1985

23. Ciet, Mathieu   Université Catholique de
Louvain   2003
24. Cohen, Aaron   University of Minnesota-
Minneapolis   2007
25. Condie, Leisa   University of New South
Wales   1992
26. Cusak, Charles   University of Nebraska-
Lincoln   2000
27. Damgård, Ivan   Aarhus University   1988
28. Dechene, Isabelle   McGill University 2005
29. Desmedt, Yvo   Katholieke Universiteit
Leuven   1984
30. Dodis, Yevgeniy   Massachusetts Institute of
Technology   2000
31. Döring, Martin   Technische Universität
Darmstadt   2008
32. Doumen, Jeroen   Technische Universiteit
Eindhoven   2003
33. Eagle, Philip   Royal Holloway, University of
London   2008
34. Fernández Rúa, Ignacio   Universidad de Oviedo
2004
35. Freeman, David   University of California,
Berkeley   2008
36. Freking, William   University of Minnesota-
Minneapolis   2000
37. Gastaud Gallagher, Nicolas   Georgia Institute of
Technology   2007
38. Giuliani, Kenneth   University of Waterloo   2005

39. Green, Matthew   The Johns Hopkins University   2008
40. Greenfield, Jonathan   Syracuse University 1993
41. Grundy, Dan   University of Kent, Canterbury   2008
42. Gysin, Marc   University of Wollongong   1998
43. Halsey, James   North Carolina State University   1970
44. Hardjono, Thomas   University of New South Wales   1991
45. Heindl, Raymond   Clemson University   2009
46. Henhapl, Birgit   Technische Universität Darmstadt   2003
47. Herzog, Jonathan   Massachusetts Institute of Technology   2004
48. Hitt, Laura   University of Texas at Austin   2007
49. Hsiao, Chun-Yuan   Boston University Graduate School   2010
50. Juma, Ali   University of Toronto   2011
51. Kaliski, Jr., Burton   Massachusetts Institute of Technology   1988
52. Kalka, Arkadius   Ruhr-Universität Bochum   2007
53. Kanukurthi, Bhavana   Boston University Graduate School   2011
54. Kaps, Jens-Peter   Worcester Polytechnic Institute   2006
55. Karabina, Koray   University of Waterloo   2010
56. Khadra, Anmar   University of Waterloo   2004

57. Kiayias, Aggelos   City University of New York   2002
58. Klima, Richard   North Carolina State University   1997
59. Klimov, Alexander   Weizmann Institute of Science   2005
60. Ködmön, József   University of Debrecen   2005
61. Koskinen, Jukka   Lappeenranta University of Technology   1994
62. Kumar, Sandeep   Ruhr-Universität Bochum   2006
63. Laskari, Elena   University of Patras   2010
64. Liskov, Moses   Massachusetts Institute of Technology   2004
65. Livne, Noam   Weizmann Institute of Science   2010
66. Lu, Steve   University of California, Los Angeles   2009
67. Mashatan, Atefeh   University of Waterloo   2009
68. Maurer, Ueli   Eidgenössische Technische Hochschule Zürich   1990
69. Minder, Lorenz   École Polytechnique Fédérale de Lausanne   2007
70. Mironov, Ilya   Stanford University   2003
71. Möller, Bodo   Technische Universität Darmstadt   2003
72. Monico, Christopher   University of Notre Dame   2002
73. Montanari, Andrea   Università degli Studi di Perugia   2010

74. Moran, Tal   Weizmann Institute of Science   2008
75. Myers, Steven   University of Toronto   2005
76. Nance, Jr., John   North Carolina State University   1972
77. Neat, Charlie   University of California, Los Angeles   1975
78. Overbeck, Raphael   Technische Universität Darmstadt   2007
79. Papakonstantinou, Periklis   University of Toronto 2010
80. Park, Je-Hong   Korea Advanced Institute of Science and Technology   2004
81. Park, Seung Kook   University of Illinois at Urbana-Champaign   2007
82. Peralta, Rene   University of California, Berkeley   1985
83. Peters, Christiane   Technische Universiteit Eindhoven   2011
84. Petkova, Maria   Humboldt-Universität zu Berlin   2009
85. Qu, Chengxin   University of Wollongong   2000
86. Ràfols, Carla   Universitat Politècnica de Catalunya   2011
87. Rhouma, Rhouma   École Nationale d'Ingénieurs de Tunis   2008
88. Ritzenhofen, Maike   Ruhr-Universität Bochum   2010
89. Rodriguez-Henriquez, Francisco   Oregon State University 2000

90. Savas, Erkay   Oregon State University   2000

91. Schaffner, Christian   Aarhus University 2007

92. Scheidler, Renate   University of Manitoba   1993

93. Schillewaert, Jeroen   Universiteit Gent 2009

94. Schwabe, Peter   Technische Universiteit Eindhoven   2011

95. Shaheen, Rasha   Cairo University  2010

96. Shang, Ning   Purdue University   2009

97. Shen, Shuo   Purdue University   2007

98. Shershin, Carmen   University of Miami   1982

99. Shokrollahi, Jamshid   Rheinische Friedrich-Wilhelms-Universität Bonn   2006

100. Sigmon, Neil   North Carolina State University   1995

101. Stebila, Douglas   University of Waterloo   2009

102. Sunar, Berk   Oregon State University   1998

103. Tawalbeh, Lo'ai   Oregon State University   2004

104. Teague, Vanessa   Stanford University   2005

105. Thomas, Tony   Indian Institute of Technology, Kanpur   2006

106. Toli, Ilia   Università di Pisa   2004

107. Wehner, Stephanie   Universiteit van Amsterdam   2008

108. Weis, Stephen   Massachusetts Institute of Technology   2006

109. Wolf, Christopher   Katholieke Universiteit Leuven   2005

110. Wolf, Stefan   Eidgenössische Technische Hochschule Zürich   1999

111. Wyseur, Brecht   Katholieke Universiteit
     Leuven   2009
112. Yao, Chui Zhi   University of California,
     Riverside   2008
113. Zuccherato, Robert   University of
     Waterloo   1997
114. Zumbrägel, Jens   Universität Zürich   2008

Agora vamos entender porque devemos levar em conta
todos estes caras da lista acima:

- Nakamoto diz em seu livro que precisava de
  conhecimentos de matemática e criptografia
- Nakamoto publicou anonimamente seu post
  sobre Bitcoin, mas ele não podia ficar oculto
  ao fazer pedidos criptográficos em sua alma
  mater nativa
- Nakamoto confessou que havia criado uma
  pré-bitcoin antes da Bitcoin, então ele
  estudou criptografia persistentemente para
  este fim em 2007-2008, o que significa que
  ele fez pedidos na web na universidade
- Como ele viveu na costa leste dos Estados
  Unidos e trabalhou como assistente de
  laboratório de TI em uma universidade, faz
  sentido que ele tenha feito seus pedidos do
  mesmo lugar.

Do número considerável de caras (potenciais Satoshis),
devemos deixar só aqueles que não apenas estavam
procurando informações sobre criptografia na Internet,

mas estavam estudando nas universidades da costa leste dos EUA .

Só restaram seis deles.

1.  Cusak, Charles   University of Nebraska-Lincoln   2000
2.  Mironov, Ilya   Stanford University   2003
3.  Monico, Christopher   University of Notre Dame   2002
4.  Shang, Ning   Purdue University   2009
5.  Shen Shuo from Purdue University 2007
6.  Teague, Vanessa   Stanford University   2005

Você sabe como estreitar ainda mais o círculo destes potenciais "Satoshis"?

Selecione apenas aqueles que estudaram na universidade entre 2007 e 2009, e restam apenas duas dessas pessoas:

- Shen Shuo from Purdue University (2007);
- Shang Ning from Purdue University (2009).

**Shen & Shang**

Como não temos um grande número de candidatos ao título de Satoshi Nakamoto, apenas dois, vamos nos aprofundar em suas biografias.

*Shen Shuo* escreveu uma tese sobre criptografia elíptica-curva em 2007.

Você pode perguntar o que isto tem a ver com Bitcoin.

Responderei que o link é direto já que Bitcoin usa criptografia elíptica-curva (https://en.bitcoin.it/wiki/Secp256k1) ao criar uma chave pública (endereços de carteiras BTC).

Os orientadores acadêmicos para esta tese foram:

- Professor Samuel Wagstaf (Purdue University)
- Doctor Michael Jacobson (University of Wyoming)

O segundo cara, *Shang Ning,* escreveu sua tese (https://www.cerias.purdue.edu/assets/pdf/bibtex_archive/2009-07.pdf) em 2009.

Qual era o tema dele, algum palpite?

Claro que era o efeito dos caracóis na formação de buracos de ozônio!

Não, medroso, seu tema era a criptografia elíptica-curva, como o mano anterior.

Os orientadores acadêmicos:

- Professor Samuel Wagstaf (Purdue University)
- Doctor Michael Jacobson (University of Wyoming)

Não sou paciente o suficiente para analisar as teses destes dois caras (alguém alegará que não sou inteligente o suficiente), portanto, como genuíno nerd espertão, eu só li o início e o fim das teses.

Assim, no início de seu trabalho, Shen Shuo expressou sua gratidão à sua família - sua esposa e filho. Mas Satoshi tinha pouco mais de 20 anos naquela época, então, qual é a probabilidade de o cara já ter uma família nessa idade? Quanto a mim, é muito pequena, e Shen Shuo era mais velho na época.

Por sua vez, Shang Ning agradece apenas uma certa Mary Gitzen, que o ajudou com o inglês quando ele tinha acabado de se mudar para os EUA. E lembramos que Satoshi Nakamoto tinha problemas com a língua (inglês, mano).

Na tese de Shang Ning, notei outra coisa interessante: ele escreve sobre a "chave hierárquica ligada ao tempo" e, enquanto ainda tenho cérebro suficiente, esta é uma chave criptográfica relacionada ao tempo. Ao mesmo tempo, a descrição do algoritmo de criptografia é dada pelo exemplo de fornecedores e assinantes, e isso já sugere uma semelhança com a Bitcoin como meio de pagamento.

Agora vamos voltar ao White Paper da Bitcoin.
Podemos encontrar um bloco assim lá:

**3. Timestamp Server**

The solution we propose begins with a timestamp server. A timestamp server works by taking a hash of a block of items to be timestamped and widely publishing the hash, such as in a newspaper or Usenet post [2-5]. The timestamp proves that the data must have existed at the time, obviously, in order to get into the hash. Each timestamp includes the previous timestamp in its hash, forming a chain, with each additional timestamp reinforcing the ones before it.

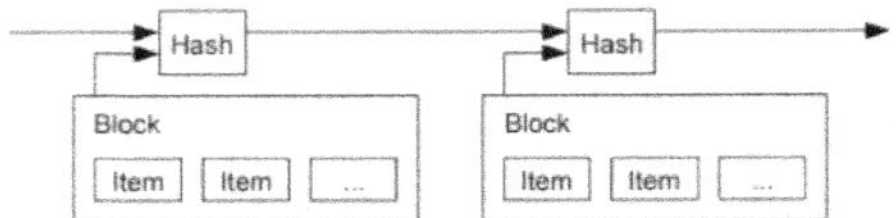

Você não acha que a Chave Hierárquica com Limite de Tempo e o servidor Timestamp têm o mesmo conceito? Nakamoto argumenta que é o servidor Timestamp que resolve a questão da proteção contra o "gasto duplo" de ativos de criptomoeda.

Além disso, encontrei outro paralelo entre a tese de Shang Ning e a tecnologia Bitcoin. A tese descreveu um novo método de criptografia chamado "parametrização polinomial", que também foi mencionado em um trabalho sobre Bitcoin (The Bitcoin Backbone Protocol: Analysis and Applications / O Protocolo de Backbone Bitcoin: Análise e Aplicações - https://eprint.iacr.org/2014/765.pdf).

Agora, algumas palavras sobre o "passado sombrio" de ambos os caras.

Shen Shuo nasceu em Fuxin, no nordeste da China. Em 2000, ele se formou em matemática na Universidade de Ciência e Tecnologia da China. Na Universidade de Purdue, ele recebeu um mestrado em engenharia elétrica e de computação.

Em 2007, ele defendeu uma tese sobre criptografia, que
já analisamos.

Shang Ning nasceu na cidade de Anyang, na província de
Henan. Em 2000, ele se formou em matemática na
Universidade de Ciência e Tecnologia da China. Na
Universidade de Purdue, ele recebeu um mestrado em
engenharia elétrica e de computação. Em 2009, ele
defendeu sua tese sobre criptografia, que foi o assunto
de nossa discussão.

**A moral da fábula é...**

Não enrolarei ninguém por muito tempo e, finalmente,
vou saciar sua sede de ouvir o nome verdadeiro de
Satoshi Nakamoto. Então rufem os tambores, por favor
... meu palpite é que ele é Shang Ning.

Dirás: Sim, claro, Shang Ning! Por que não Zun Pun Sun
ou Dai Hui? Mantenha a calma, mano, agora vou explicar
todos os pontos:

- Em 2007-2009, Shang Ning, como Satoshi
  Nakamoto, permaneceu na costa leste dos
  Estados Unidos;
- Shang Ning não é um falante nativo de inglês. Em
  sua tese, ele agradeceu a ajuda de uma certa
  Mary Gitzen. Para Satoshi Nakamoto, o inglês
  também não era nativo, e ele também agradece à
  mulher, sua mãe, por ensiná-lo. E quem sabe o
  nome de sua mãe?
- Shang Ning estudou matemática, tecnologia da
  computação , e criptografia, e Satoshi Nakamoto
  argumentou que essas habilidades são
  fundamentais para a criação de Bitcoin

- Shang Ning escreve, em sua tese, sobre a aplicação prática de algoritmos criptográficos com fornecedores e assinantes (isto lembra uma transação?). O mesmo está descrito no documento técnico Bitcoin
- Shang Ning tinha menos de 30 anos no momento da redação da tese, como Satoshi Nakamoto.

Em conclusão, também decidi remexer no Linkedin de Shang Ning .

Aqui está uma captura de tela, abaixo:

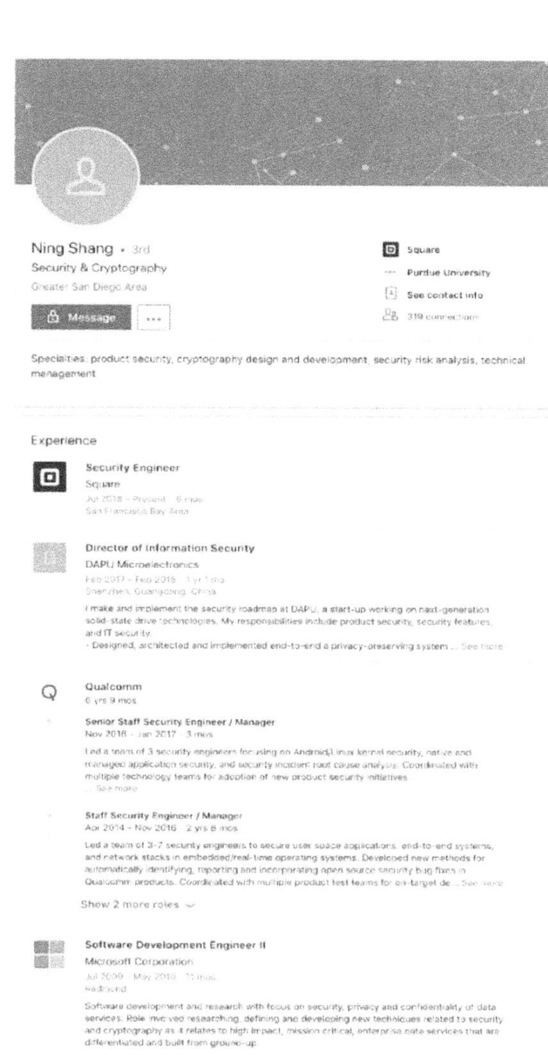


https://www.linkedin.com/in/syncom/

Seu perfil confirma que o cara está trabalhando persistentemente na área de TI:

- Ele havia sido membro da equipe de pesquisa de criptografia da Microsoft (https://www.microsoft.com/en-us/research/group/cryptography-research/) e trabalhou em pesquisa na Microsoft antes mesmo de defender sua tese

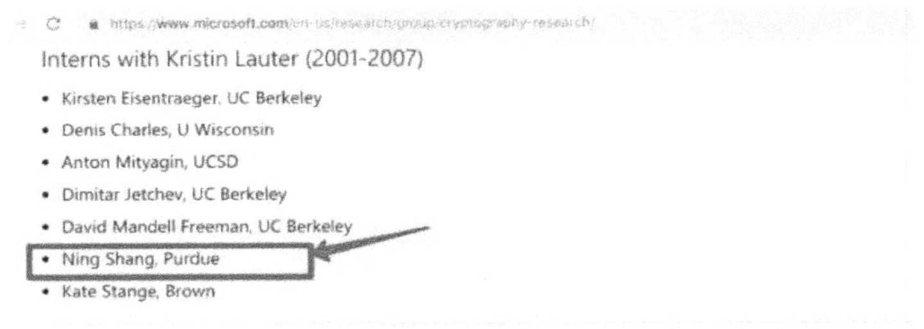



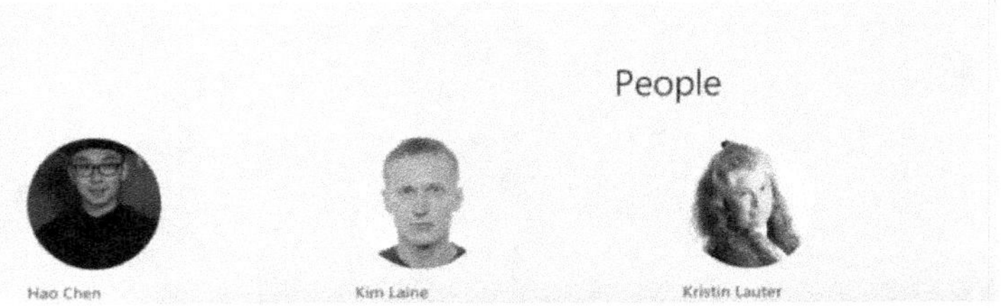



- Durante o período de estudo na Universidade Purdue (2007-2009), ele não trabalhou em lugar algum, e lembramos que Satoshi Nakamoto criou o Bitcoin naquela época
- Shang Ning defendeu sua tese em 1 de janeiro de 2009, e o primeiro bloco Bitcoin foi criado em 9 de janeiro de 2009.

- Já em julho daquele ano, ele retornou à Microsoft para o cargo de engenheiro de desenvolvimento de software II
- Em 2010-2012, ele passou para o cargo de engenheiro de segurança sênior da Qualcomm. Mais tarde, ele se mudou para o cargo de engenheiro chefe de segurança.
- De fevereiro de 2017 a fevereiro de 2018, Shang Ning atuou como diretor de segurança da informação na DAPU Microelectronics
- De julho de 2018 até hoje, nosso Satoshi Nakamoto é apenas um engenheiro de segurança comum na Square.

Um engenheiro privado!

A sério?

As pessoas geralmente tendem a ter uma tendência crescente em suas carreiras, e nosso Satoshi acaba preferindo a tendência de queda? Aqui está outro fato interessante: o escritório no qual Satoshi agora trabalha, dedica-se ao hardware e software de pagamento expresso com cartão de crédito. Talvez devêssemos acompanhar de perto esta empresa, pois a Bitcoin também é um meio de pagamento!

É aqui que termina minha primeira fábula. Quem sabe se eu encontrei Satoshi Nakamoto ou é apenas mais um ataque de esquizofrenia aguda. Um leitor ficará sinceramente feliz com estas notícias e correrá para pregá-las em todo o mundo, enquanto outro decidirá me enviar algumas pílulas contra a loucura.

A propósito, se você também deseja me enviar algo, aceito Bitcoin, não pílulas.

Realmente, mano. Não fique envergonhado! Escreva-me um e-mail e enviarei o endereço da minha carteira (deixe-me explicar para alguns leitores sérios: "Estou brincando" :-).

A propósito, um editor da Forbes USA certa vez admitiu que os jornalistas de seu meio de comunicação gastaram cerca de 10.000 horas em buscas pela identidade de Satoshi Nakamoto, mas não obtiveram nenhum resultado.

Em uma palavra, quem quer que seja este cara que criou a Bitcoin , eu mereço o Oscar jornalístico (se houver, LOL) ou uma bala na testa por minha investigação :)

# Capítulo 2. Do primeiro bloco à primeira bolsa

Então, na seção anterior do livro, fomos ao fim do mundo para obter o super agente Satoshi Nakamoto. Se a personalidade dele oculta tantas coisas interessantes, imagine o que está acontecendo no vasto mercado de criptomoedas, que segredos e manipulações incríveis ele esconde de nós.

Mas não somos simplórios, certo, mano? E, portanto, descobriremos a verdade!

Então, iniciaremos nossa pesquisa a partir da era dos dinossauros - os primeiros blocos minerados - e avançaremos para o aparecimento das primeiras trocas de criptomoedas. Sem isso, você nunca será capaz de entender o mercado e, mais ainda, negociar (e é uma coisa muito lucrativa, acredite). Se você sente repentinamente que já amadureceu o suficiente e está pronto para memorizar não apenas as palavras "criptomoeda" e "Bitcoin", mas também frases abstratas como "ondas Elliott" ou "níveis de suporte e resistência", você encontrou o lugar certo .

Não tenho certeza de que você perceberá facilmente todas as informações a seguir, então tome mais um copo de vinho espumante (ou mais) e continue lendo.

Como já mencionei, decidi iniciar minha investigação a partir do período dos mamutes. No mundo da criptomoeda, este período foi quando os primeiros

1.500 blocos foram minerados. Decidi examinar esses blocos sozinho.

Eles certamente pertenceram a Satoshi Nakamoto, pois foram extraídos no primeiro mês de existência da Bitcoin. Eu também comecei a estudar todas as carteiras das quais os primeiros Bitcoins foram transferidos para algum outro lugar.

Tem certeza de que é mentalmente resistente o suficiente para ver meu trabalho?

Bem, então dê uma olhada nesta lista de carteiras)

| Nº de Bloco | Quantia BTC | Destinatário, que estava GASTANDO |
| --- | --- | --- |
| 9 | 50 | 12cbQLTFMXRnSzktFkuoG3eHoMeFtpTu3S |
| 78 | 50 | 1AiBYt8XbsdyPAELFpcSwRpu45eb2bArMf |
| 309 | 50 | 1627A2DbCtVVykWVJmdQz2ERwkw4uiEL22 |
| 317 | 50 | 1E5npMTmh9PnBHxCacuqzAZRGEybkxPMAq |
| 320 | 50 | 12V3D1ytYGZgYTgmuNh8JLAiKMF9chUoDd |
| 329 | 50 | 153h6eE6xRhXuN3pE53gWVfXacAtfyBF8g |
| 357 | 50 | 18KrJNtPVu6LWRNPQReqF29iFm7vDhirMk |
| 360 | 50 | 18SH9vwx24L5cTabfkgtGMjF8A56pD9AUJ |
| 361 | 50 | 12wej8tANWruTQFEhWFJtTkjNLt76pE268 |
| 372 | 50 | 1PQjPXAtSZfUiiQeD4nafQ7HKx7J1kYQ4J |
| 394 | 50 | 1JV9ZQX6cCd4YrUtHHQm9iDL6cMxP3oQ3J |
| 407 | 50 | 1PEsXxy7kVSPL3Sqw9q4HPkbM368tGTYcx |
| 413 | 50 | 15ATbhqgqxkGen8ZLsb2BEbQzw3ymdzbQ9 |
| 417 | 50 | 1ELmSkQWnqgbBZNzxAZHts3MEYCngqRBeD |
| 419 | 50 | 19CkFSEiHB5UVah3fvZD17qk48m82TfAp8 |

| 431 | 50 | 1ADpf5rHERc2PmVAZZFoH7WbougKvkPDVD |
| 433 | 50 | 1ajo3LNjjNWK7GMJwa71tcR3Mk6roeaS9 |
| 439 | 50 | 1PxUJBokfT8Cn1pizWYeJpbpm9To4HwRHr |
| 442 | 50 | 1ACWHyRM8rtbt96KauPJprnF2qDQSdPJ54 |
| 450 | 50 | 1LfjLrBDYyPbvGMiD9jURxyAupdYujsBdK |
| 461 | 50 | 15Eto1LeCTkZGkPwr3H2BS8Nu1yadfeEH8 |
| 463 | 50 | 13Vpu2cTr58iTAKaF9MfYxrgzYTHK64qtG |
| 465 | 50 | 1xgLCvWYJGuCxqPunbBiUxmSKLDwxZeu5 |
| 473 | 50 | 17c6L9JUGVenn6CfqXuB93L3Tk8Tbzefui |
| 490 | 50 | 15ALyVo8ZuoTikHMYRq6p8nGr17gxQApXf |
| 493 | 50 | 1L9kYwPr6SWvp8zsxvJARHt4UUVk51WQcf |
| 501 | 50 | 132aSc15WmoPwtMbqRVzouZKNnjWL1YTVb |
| 506 | 50 | 17oofDoUGPaTi7xEP3StP1sU1YxEMDfQa6 |
| 509 | 50 | 1Miuw7ifaTYY5qrzKYFcTDiojSFxRfAqwP |
| 512 | 50 | 16cHAjKh6Gr5HFDqz6JKgLmtpMzbKpZYfa |
| 521 | 50 | 1CrnUia9wfeNFbdwKJNj89YqA6qetvYTTE |
| 528 | 50 | 12oRSUW6UVYNCUk8yyrFvbpbJw7uia31sA |
| 541 | 50 | 1JCNTEzhK5J8dPhhsnarS3UeQe7rxgmZig |
| 562 | 50 | 17k3Gr1KM16X5cQ5VCp7sBmw12Gh9bpL6m |
| 563 | 50 | 1CnKmNvgA4aK8LhKiKekNnnHcqeFpwGUbU |
| 567 | 50 | 18bN2GBzfRwnV6dmr7MiuDoxn39uqvjwPs |
| 575 | 50 | 1LVcDpgziv9d6hXKF9ncYveDdQWb1j88m8 |
| 591 | 50 | 1PmxdAq9UdYqB8TL45asUeV4PxTLiTuNiw |
| 596 | 50 | 1CpZmPEGBbH7gUsM1xS31CvaKDE92EiiKg |
| 598 | 50 | 1HKqNPMm1yjNb2YaAuTG8VcQ3hUCfgCPob |
| 607 | 50 | 1D1FUseiHmbRPDCRvExrBX3C3BtFxGimMz |

| 614 | 50 | 15qgGqvzsyCYnjyCQLNrXzjtgxQvGVLPj4 |
| 624 | 50 | 1LtEkbFPkXouhn9uUyYbaGwUEF4AUazuR5 |
| 651 | 50 | 14nELEgJL95NU3BKi5D734ysFuVUCEjLWg |
| 658 | 50 | 1KZXdVqEtWUpq1BRb1S69kfgszLbn8t1vt |
| 666 | 50 | 1C1QnL6oZqiRmKgaTm8XZbHccwupvJsAwG |
| 685 | 50 | 1ADTuxdhYePCW9PEvkCKnib6jmbg6mKXdz |
| 687 | 50 | 1M7kUuZDyHT5opZr789ybEES6Nyqxxyk6T |
| 688 | 50 | 1GEhNKRWcePnKDhAieuAAcW6FkwDNZqKX7 |
| 699 | 50 | 1Nsyx1KBDfTCczg2LmXu2HagyfewQkSPH9 |
| 702 | 50 | 1MqispkLBvCEwxq2dwzXdgMR97v8VJjYUH |
| 707 | 50 | 1HZKjpAYdaiXvCV3b6mXExrhPd3djzDWM |
| 720 | 50 | 1P9JXnCX3wzHXgHtpPgkAg2DX25e3HTkEk |
| 726 | 50 | 1Q6kHNUDra29FqKGXf8rWuj6LZizjAHVvq |
| 728 | 50 | 1EDym1P2XMxJVuWaEt7BaPL5B9AijhhD4K |
| 730 | 50 | 17C8uaaknVNSfGM6eeaZQzrrEuhveQPirv |
| 739 | 50 | 1NyD2gM5qcGCRKmuJK7gUUqcQMrUFQRZQz |
| 748 | 50 | 16HRfyssnLAtnpWG8pnGJdGgNpXtKW78Yw |
| 752 | 50 | 1DdhxvYwVrnUP4xcWaquUnmZ177HVeUT2L |
| 757 | 50 | 1DayUvccL8WV7zjkn26aC3M4hwGwJFyFw4 |
| 767 | 50 | 19QiFoYFBf8bo6STnvdCD21ASskDGkpaSQ |
| 772 | 50 | 1BGnWwafsPsHo11opJGVbJdLADxakwZoAD |
| 773 | 50 | 1MxQgXvgUuSj7ScRwuJ3p4t9rstnd3NqFv |
| 777 | 50 | 1Gg5WVQsrfk8L9uMpmtsFqW7NoS2ZpoKPs |
| 782 | 50 | 1HnKDtdn1Q7qLh8rC722c5af6RhSsnHbSE |
| 786 | 50 | 1PyKe5Dokd9T6WMq1Wjc4mZ99v88dCKJWe |
| 803 | 50 | 1DCcZbNtttndh6tvoK8xRTB5BUMdfL51aL |

| 809 | 50 | 1HG3byV85t3wiZ4uazZJvntRQT2Rmw4rbm |
|-----|----|------------------------------------|
| 813 | 50 | 1Bs54ogGcFTejhoyNwDgJR9x7yRHHnv1JF |
| 814 | 50 | 1Fz1PZ4m2PykPasegmG3oWNXTu837Buu8T |
| 819 | 50 | 17LDnEt8ggVjH43QdjhZ4FhkXC9zXgk48b |
| 821 | 50 | 19oF5fxNiUDMr7FyZzyZhz9TxDdKGGkqUW |
| 824 | 50 | 15fLMPJUAyiuc28gscdmRnVu1zUC1TXHtz |
| 828 | 50 | 17jkFTQuYaGssazzqZ6CTHgRVQYRgLmf34 |
| 842 | 50 | 18QQUbHJhyzFDVKhEHPhHFZF3qdBmp74eB |
| 850 | 50 | 15dnC28mA2tnbSbyjtqVRVtcmXwroDSrJQ |
| 869 | 50 | 1CbDYwNDp5aA5FVmCf2Z95kjkMCgoBr2X8 |
| 877 | 50 | 1CPoDZcupzrLJCPvPovsyQJCgSjgwzHocD |
| 885 | 50 | 1QNzY4rFXUrigUtbuvPu7wsKvHsDQKv86 |
| 905 | 50 | 1GZczj6uyZ1gyipBrNpN66cVvXnSbnESsH |
| 913 | 50 | 18XcqBQ7BbE7TLvQfbGHKhqBgo4MvjGGVG |
| 923 | 50 | 1MDDHENF1xDvN2C1a2HzvC3nuthsjXyLjL |
| 927 | 50 | 1GHH9T1zinmfy8VqYcSuZP7qtCkGSPR44V |
| 935 | 50 | 1JjyaJhj7gM1BDPjkKvNPp6zGQodneSRzW |
| 940 | 50 | 1CsZEWqUk95GggXg1mvxP6qWv95bCvVaZs |
| 945 | 50 | 1DGgqqQHfwGX28FzenC2DgqX2fzgU99urQ |
| 949 | 50 | 12oAMNsu5qmzpcafSKJMYxnPCyaYxui4sp |
| 955 | 50 | 1MJFHWKEZhTJkvw7Jygf9PnaSZRDdD8HLV |
| 956 | 50 | 1L6yp2BegnXYnHCxm2CutMjrzHzDRmFEcT |
| 958 | 50 | 16miRBBoGPbButAoZfxSMG4VgwoHrKUiCk |
| 959 | 50 | 1LH3y6VPnF1KcPhxLSJ3eJ3NHvXWSaysAr |
| 964 | 50 | 1FZooLsa7YyoSY8NUw1SDam7ZN6GghbJ76 |
| 966 | 50 | 1AoWi2xSyQoWuxrYrdr1PPVi5PxA8caNGC |

| 979 | 50 | 17CtNkUdjYwa99vAHb9YbgXJ36wTRHQh3r |
| 984 | 50 | 1CLK9m1s3D9Lc2oQprZ3jNdz9ikcdbH6vb |
| 986 | 50 | 12VKdj1La4fnqX7qTQPfPwm9McBxtmtSsG |
| 992 | 50 | 1PD7u8S27HS3PcY6ZKAM897RQLK5rx87wq |
| 994 | 50 | 1MT2FEY48nq9qRcEQs43KKCbiZw1HNJg58 |
| 996 | 50 | 1A18WA52hdnHgGhgmd7yR6dgtnEhQrLnFJ |
| 998 | 50 | 1AZBpyYUSWApQkKqsEDZ9mriWCZMArrgzR |
| 999 | 50 | 1Ktq4ujHAwk8Utk1AGzCCq2aFBRbdkMeh7 |
| 1003 | 50 | 1A9VNjdMGHdMRhaHNj8zwRNLoutbDysvoU |
| 1010 | 50 | 1PWjDwnVTSnSFzde8NpU7QRcVKJ4kAqtpE |
| 1014 | 50 | 187TqctoDdtHaQDStEiRJGSPK93Yr45psE |
| 1018 | 50 | 1NChfewU45oy7Dgn51HwkBFSixaTnyakfj |
| 1025 | 50 | 15JuUHnBm5AtG4AYbSMVxHXrvdvMVubZrr |
| 1027 | 50 | 152XPBGegp6jKSxYfEmhpzcnDQdrogc8dk |
| 1031 | 50 | 1Ewy2mCVfDwGRBEDbFzHTMsDiCxTGLx72A |
| 1042 | 50 | 1HQkgckTBytqaGmwyQgqTU5aptuZ7qFiyp |
| 1063 | 50 | 1NdLg6FNKyFXyRfmFssW4DSgaWRzscYXUg |
| 1068 | 50 | 13xWc32uuYEtXkMruFY8Ego4wP9ynBxmhB |
| 1075 | 50 | 18RXG5o4g2dqZKbhorDcMAZHDdY5hn5V86 |
| 1088 | 50 | 13HyCUP3tdwUrQACdesNC6NCG99jXLFanc |
| 1091 | 50 | 1NiUwRWvCEWBTHCNJAW9mGAk4AxwoXTj9J |
| 1094 | 50 | 1AuUQiT2eBhJq4XPDBCvgDNszzAi8JoWro |
| 1096 | 50 | 19NaaYCw1UBQd2gFfc77bKnVesA5d7fFzM |
| 1102 | 50 | 12GXsmgDpTJC63NcK67Lvns8uLPWHe3Ari |
| 1107 | 50 | 1B9zyacRvnw5CL6NBd3HN484eDNsQqFNyV |
| 1113 | 50 | 1Cf8eqCMA26nNQysQ12cpWbyT15uSJ6TMu |

| 1114 | 50 | 1J6AgPccDGJ9NdGD9RjnMM8zPvWmcMRpEX |
| 1119 | 50 | 14zHfSpU4kbiqwqAHPm669SKe6HSbyKQkB |
| 1123 | 50 | 15ac3UtBMowi6oDz82S1FXWq4RU48EZ3QN |
| 1125 | 50 | 1qvpfJXzAzKJvkbBFRVEtNZw6yU31orDL |
| 1135 | 50 | 1JNoSuNB7PVtMyeAy6nkNNcbubo4cDPPAS |
| 1136 | 50 | 1675n6xp1aQ53w8kPJaghB749v5ekeyVGb |
| 1139 | 50 | 1HaEeDfAWeo4hopjYMAx1At75uhY614C9X |
| 1143 | 50 | 144KB1evSa1FjKEp9jBFKTznNREJLqvjvW |
| 1144 | 50 | 1MUKXPFrGZNWeJApikyeK8VoFVTqmDLDHB |
| 1150 | 50 | 1B7XbL6wMCPmCfwKtDgEdoSucWR4PYYBP4 |
| 1153 | 50 | 1BSgXqBzNHFfdqRHBPzLD23CFXpzhqpRrb |
| 1178 | 50 | 17xz3mGXbf1D9Yz2FXwMTsUJs7oMcUUiTv |
| 1192 | 50 | 1DGdXqZeQsMKwfEpbAuvPHt2d72jfk1VWG |
| 1195 | 50 | 1GSAXEQEW7st7prSuz89x6DjKEcLUFSDCJ |
| 1206 | 50 | 12BpQhir1LnPLoENAGAqwfW2X82kP1PCtw |
| 1214 | 50 | 15w2oa5zs7EZNfamsvouyHdHP6ApCBUbWH |
| 1217 | 50 | 16J5sZw9rZfcmPuHgp73exrbj37ierpuNQ |
| 1218 | 50 | 1GNYTnnXzM2YNLXRGahfgVW5TkoHz6HuWp |
| 1219 | 50 | 132FRJJLYxf4D94721mLqMR5CH3N6PzHUW |
| 1227 | 50 | 1NRn1gzBWF2rKqUJBY37P1JgK1Zn4a1x9b |
| 1233 | 50 | 1AHJbmcNpaxrgwDc12XFXnUSfpED5ksSiH |
| 1240 | 50 | 1BtNBoKGgME9HCkjeHNJ6FrsZaAMTLCWED |
| 1242 | 50 | 1Cndx9tcJHh2GGSnvG3nzsWmYMNxDMd61u |
| 1245 | 50 | 1LNJ2Hx612Yf8uTxtojpTFPCniGHv2Aeok |
| 1248 | 50 | 13kBLtgfK3uR7Ku87Co66xmgCZe67S674B |
| 1254 | 50 | 1JDr5igrBmDC6zNtkqFrjpaPNb8wwLvYVz |

| 1255 | 50 | 1JSnYFMbMbAB9hCT78WWAP32Hhc6EaVBSJ |
| 1260 | 50 | 1B2HeTwi2y1aHXcLPZN5EePboJ3qTVbixT |
| 1267 | 50 | 15j9aNE6D1ZnJF8Ags86vrkHbMGZBkroc9 |
| 1269 | 50 | 15aLEm1J4nZiLBEd5MmdRSj34MnF5GCaky |
| 1270 | 50 | 1CGrQkozzohNKcUVGjMJH4UMcjjufmtnFq |
| 1276 | 50 | 1DsGZxBbPXrLj5B8H39wJrVCTjYFKYRwXx |
| 1284 | 50 | 15L3KzV9ZhiReTF8vvdRu7AwABTNjU7x1N |
| 1285 | 50 | 1KKQHhasw82cjLidcrEFmcXavtXcja3qdH |
| 1289 | 50 | 1FD2WQ9ov4b9czEFd9hJnMBcLfonJ8NcRq |
| 1296 | 50 | 125JeyLib4bzAkqFbcidrNqwcty6S51yCu |
| 1298 | 50 | 1NwocmtHDBp3uJNMXTyj7gTLXwvWZPMcrq |
| 1299 | 50 | 1L4Ad5A1xw15cr6wkmEpHBYeMTSDEaVct4 |
| 1309 | 50 | 162T6BNdxfiMkTJssASmNW9Joat1Cy1PUH |
| 1316 | 50 | 13evwJtdkEp2wcmv5xtqE7mF6pr5bFrbxw |
| 1333 | 50 | 1M79wfuR7Bjgeu4DgfSP8G6E5Mpx2hqUhb |
| 1342 | 50 | 1JFmQAS8du4V8JvZBpwXvMnzyhEXkC4b7N |
| 1352 | 50 | 1MYDoS7PxsjYQveWRSHYLGf6KMe2gdsuM3 |
| 1376 | 50 | 14DFY3RsdrJ5U6CCgatYssM2gKAiyBm4mE |
| 1378 | 50 | 1H5RfmcyUvJPSujfGLKRSp9G5nodt2nAxC |
| 1383 | 50 | 1BGKfxaa8rMtKAsNXGMmAXmCeUFpe7pMxB |
| 1388 | 50 | 1mCcDsmFi37DDr1Wv3t6bTpmc29uBJkJg |
| 1389 | 50 | 1PpzwxQ3Uz9U2jZPuJQ8khoXJbyk51zb54 |
| 1390 | 50 | 13yawe8cxT5xaYLQ39rAnbUUxeFppNrBpM |
| 1391 | 50 | 1NGqnHmn3W8XV7YujeL3LhnWwqQzzMmwr4 |
| 1392 | 50 | 1FqhgVCeyrwRrVSob8EUPPfqKfGhMgDr8e |
| 1393 | 50 | 17raqeUa1C6DP1SYkN1QWUv5esnWpqfBZi |

| 1394 | 50 | 1FgcFGzaAHVSkKxysugAg8CnsysjL4Pf17 |
| 1396 | 50 | 1GaVH6stCc4bwYkWe6VcRM24HHSszq85a4 |
| 1397 | 50 | 1BENJudbbZ8dfTwFtCLuJNWMTtBLE2bZa |
| 1398 | 50 | 1LXgpvzVXBeiPaX8HLynZmib3968fiZHu7 |
| 1399 | 50 | 114rh9hzgStCRbXWuuahe87nQdkY1Ebncr |
| 1408 | 50 | 1YBxWKBmTQvZKAWXwKuMHfRQd9Rzbw62v |
| 1409 | 50 | 114Y2Hz7uDHmyK5iKhAzMbPZrHbYnNXqAX |
| 1412 | 50 | 1By2YCAamR9incizhczhs6n1kfaEPy3cAM |
| 1417 | 50 | 1KsUoXTpVc3cfW8rDdDXrunSSmSeMeGphf |
| 1425 | 50 | 18VgUpjy6dTosH1LB2bvfsduJo3RuUCFwr |
| 1440 | 50 | 19msR75aJX8Bn7TApWg58GSJp8r5YrMLWd |
| 1471 | 50 | 1Jy5dQmet2xg1Pk5VYZE2hSWu8StK6aQWZ |
| 1479 | 50 | 1K2rGvYh58r5kuTK6pSsizkN8uwhBFy7w |
| 1486 | 50 | 1BKDLRuEy8uaKweNewFS41w7GUc41m4cDU |
| 1487 | 50 | 1D3RX2nN4v5cE8GLPHqT7RWa8YVGvoAot7 |

Por que as primeiras Bitcoins de Satoshi Nakamoto são
tão interessantes? O seguinte fato é curioso: todo
mundo está convencido de que estas Bitcoins são fixas,
ou seja, de que não foram enviadas a lugar algum. Você
entende, mano, eu também não vou desconfiar disso)
Portanto, o caso é que Satoshi Nakamoto supostamente
desapareceu em 2010, mas em 19 de junho de 2011, era
possível rastrear facilmente transações de saída de sua
carteira
(1627A2DbCtVVykWVJmdQz2ERwkw4uiEL22), que
continha BTC 50 minerado em 2009:

1. coleta de criptomoeda, no valor de 2.000 BTC, de
várias carteiras de Satoshi;
2. transferência de 2.000 BTC para algum lugar.
Se você tentar imaginar como eram todas essas
transações, elas se alinhavam em um labirinto como
este:

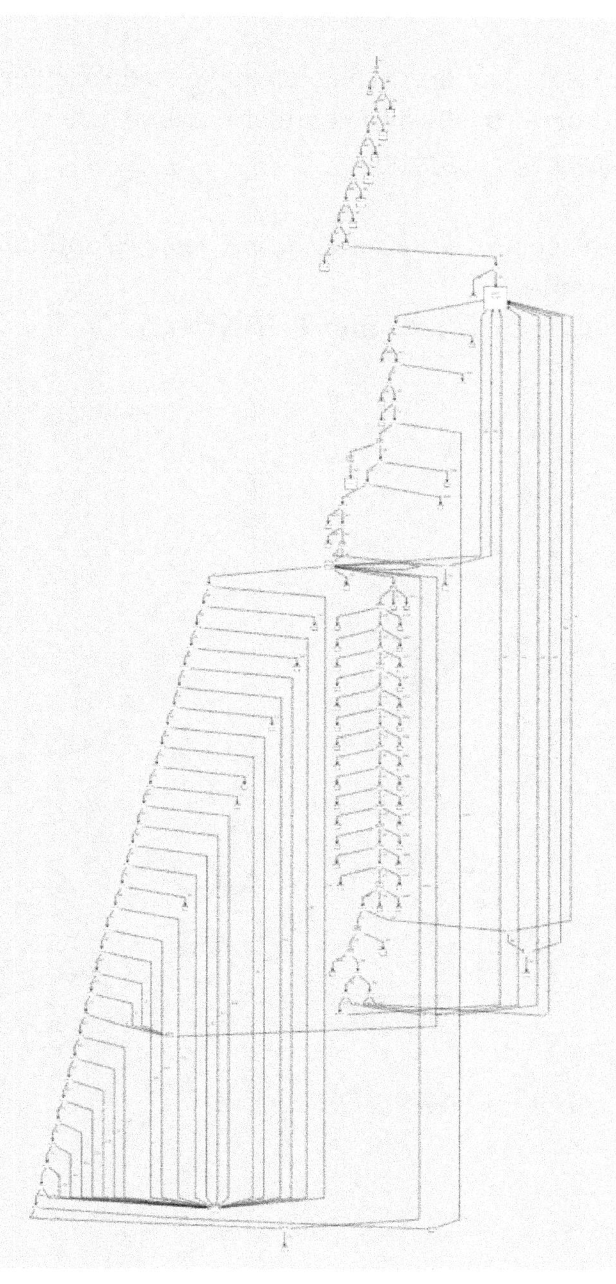

Se você é ainda mais excêntrico que eu e deseja ver com todo o horror o labirinto completo, acesse este site (www.blockseer.com), mano.

Atenção especial deve ser dada a esses três pontos interessantes:

### 1. o caso Theymos (THEYMOS)

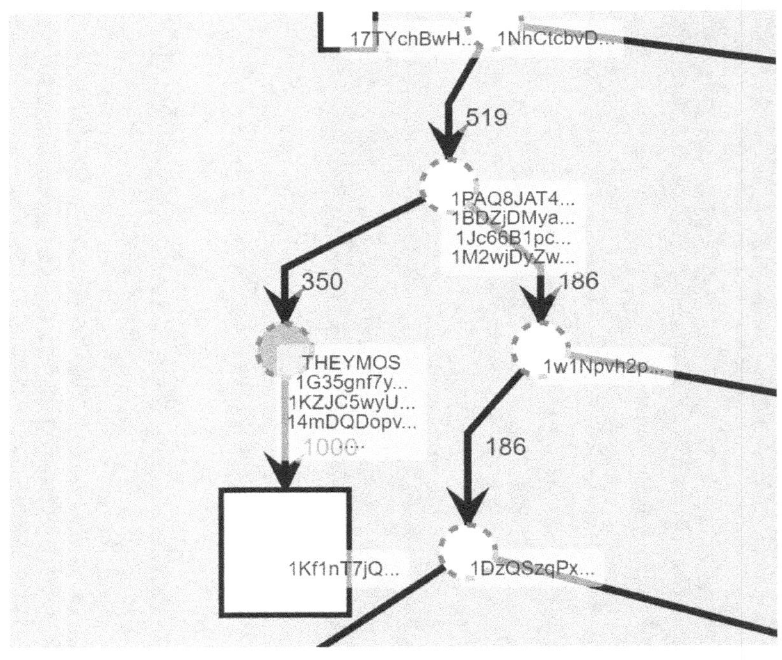


### 2. o hub Nakamoto

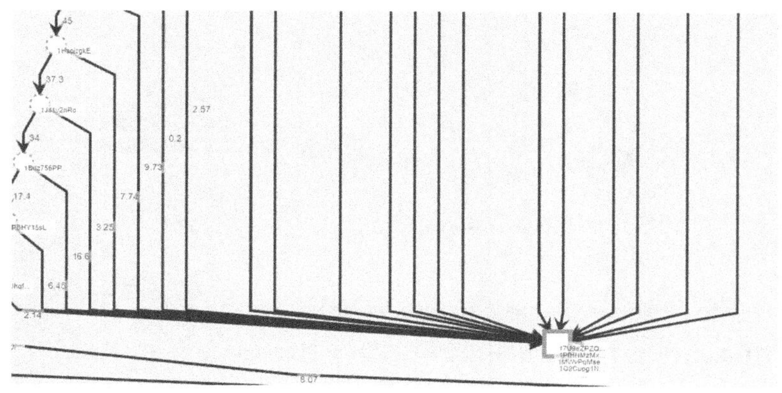

## 3. Carteira Big Guy

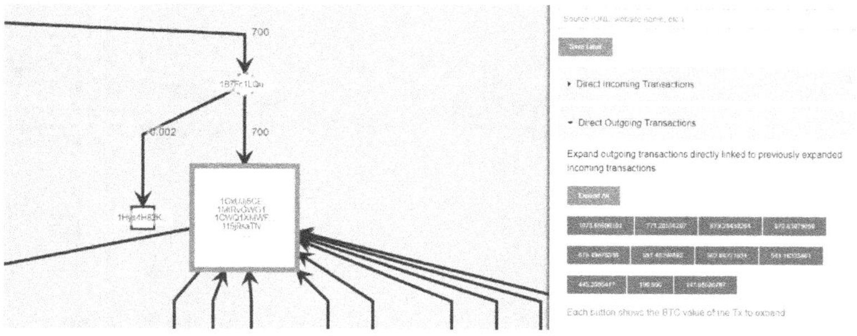

No entanto, lembre-se de que analisamos apenas um endereço das carteiras de Satoshi Nakamoto! Só um, Carl! Na minha opinião, o mais interessante é o hub Nakamoto, cujas transações de saída têm a transação do BTC 13.73804.

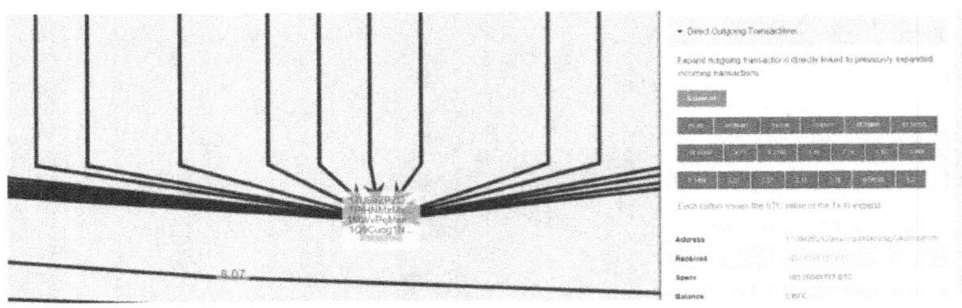

O que obteremos se clicarmos nele?

Nós vamos pegar a SILK ROAD (Estrada de Seda)!

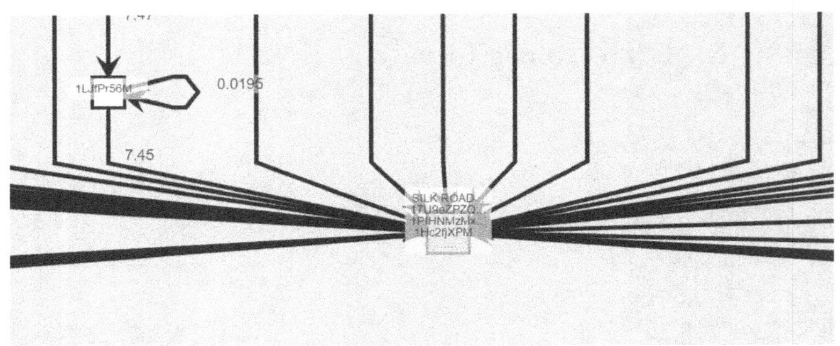


Obviamente, não tenho provas de que Satoshi estava lavando seu dinheiro através da SILK ROAD, em 2013, mas o fato permanece.

Agora vamos voltar para a carteira 127eQydc39bFw8jJMYrWJRwatJvntZWNfF, que chamei de Big Guy , pois continha milhares de bitcoins

A carteira se parece com isso:

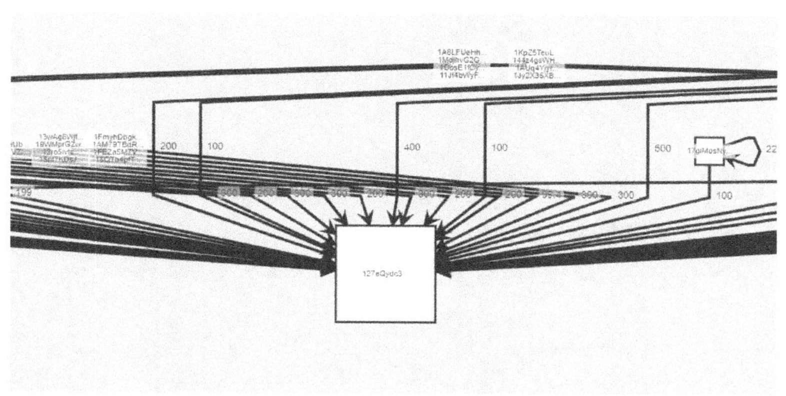

Portanto, até BTC 32.360 passaram pela carteira Big Guy e a última transação foi feita em 17 de abril de 2013. Depois de analisar todas as transações dessa carteira, encontrei um negócio suculento, contendo BTC 10.000 e transferências de BTC 5-10 para endereços diferentes, a cada vez.

O carrosel se parece com isso:

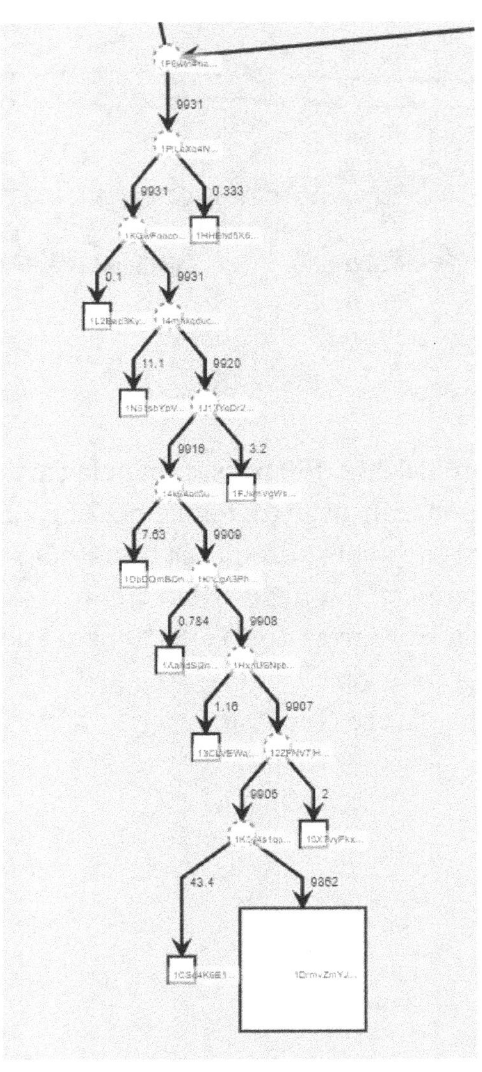

Então meu cérebro travou (sim, às vezes acontece com manivelas) e eu decidi que estava cansado de analisar através do Blockseer, então mudei para o blockchain.com e comecei a verificar novamente todas as transações com transferências de 10.000 BTC. Aqui estão as carteiras que encontrei:

Fiquei teimosamente sentado no sofá por uma hora, depois mais uma hora e mais uma, e estava olhando para a lua. Não, meu amigo, eu estava vendo como 10.000 diminuíram. Graças à persistência (aposto que a palavra certa é loucura), consegui chegar ao fim da cadeia, onde apenas BTC 20 permaneciam das BTC 10.000 originais. Cheguei à seguinte carteira: 1PySs5yB9TU7toyTsrXKdT356gYmoSLMRw.
Você pode perguntar o que há de tão especial nesta carteira.
É definitivamente especial, mano.
Dou-lhe a minha palavra.
Espere, é melhor você ler)
Esta carteira está vinculada a dois pools envolvidos na transferência do BTC 0.00000001 como um aviso sobre mudança de preço futura (é minha descoberta pessoal, mas o tópico é tão complexo que você lerá sobre isso

nos meus próximos livros ou descobrirá na sua próxima vida).

Aqui estão as transferências de que estou falando:

1. pool No.1 (7 de outubro de 2017) - *https://www.blockchain.com/btc/tx/b6cba92e88dbdd0c5bf330 5b881eede85b2168889c5fc8bf377918da3cf21e19*

2. pool No. 2 (3 de abril de 2017) - *https://www.blockchain.com/btc/tx/4ae0aafd8b2a28703c076b 0e703bcbba1b1ffb3d2d9ddeb16ddec6c746e65980*

Ambos funcionavam a partir de uma carteira *(https://www.blockchain.com/btc/address/1SochiWwFFySPjQoi 2biVftXn8NRPCSQC)* , que chamo de "Sochi", por causa das primeiras letras de seu endereço (a propósito, Sochi é uma cidade na Rússia).

Olhando para "Sochi", você também pode ver "Enjoy" *(https://www.blockchain.com/btc/address/1Enjoy1C4bYBr3tN4s MKxvvJDqG8NkdR4Z)*.

Esta carteira também cria um pool de transferências *(https://www.blockchain.com/btc/address/1SochiWwFFySPjQoi 2biVftXn8NRPCSQC)* do BTC 0,00000001 (10 de julho de 2017).

E agora o rufem os tambores: um gráfico aparecerá no meu livro pela primeira vez. Aí sim, mano!

Eu decidi colocar todos os três pools no gráfico de preços da Bitcoin.

Olha o que consegui.

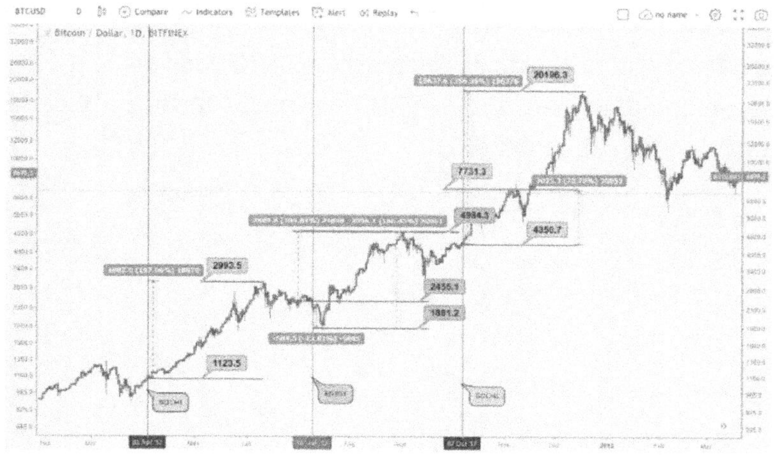

Uma coincidência muito interessante: o pool número 2 precedeu o crescimento do preço da Bitcoin em cerca de 166%, e o pool "Enjoy" precedeu o recuo do preço em 24% e, em seguida, o crescimento em 166% começou novamente.

## THEYMOS ENTROU NO JOGO

Se você leu com atenção, deve ter notado que perdemos um detalhe: THEYMOS
Não se preocupe, você vai entender tudo)
Primeiro, Satoshi Nakamoto transferiu BTC 350 para esta carteira. Segundo, THEYMOS é um dos primeiros administradores do bitcointalk.org, e as transferências de Bitcoin foram associadas às campanhas do então Bitcoin Donations for Bitcointalk.
Se você analisar o perfil de THEYMOS
*(https://bitcointalk.org/index.php?action=profile;u=35)*, verá

que ele é bastante ativo no fórum, mas não é esse o ponto. Leia aqui *(https://bitco.in/forum/threads/who-is-theymos-and-what-did-he-do.87/)*. A publicação foi publicada em 1 de outubro de 2015.

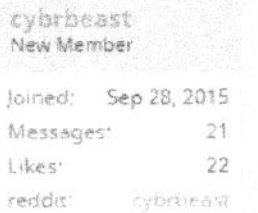
In the beginning I thought he was cool for hosting the bitcointalkforum. But when I found out he also ran the /r/bitcoin subreddit I was already less amused that most of the online social interactivity could be controlled by one person. Then there were the bitcoin donations that were never spent on improving the forum, quite the opposite, the forum has actually become more broken and lost functionality.

Still, that wasn't too bad, however when he started censoring near majority opinion concerning and discussion concerning blocksize on /r/bitcoin he crossed a terrible line. He also simply refused to give in, even though most people from both sides of the debate wanted to have it uncensored.

This is all I know, I have no idea about the person, his motivations, or other crap he's pulled. Is there a good bio/writeup somewhere?

cybrbeast, Oct 1, 2015

A resposta de um administrador a estas acusações foi a seguinte:

Glad you asked.

Please share this around!

Local mirror:

**Michael Marquardt**
Michael Marquardt, more commonly known as theymos, is a Bitcointalk administrator and Reddit /r/bitcoin moderator. He has recently came into scrutiny for potential mishandling of $1 million of entrusted forum donations, censorship of Bitcoin Xt, an alternate client, and the blanket banning of the posting of his own personal information on bitcointalk, while allowing the personal information of *others* to be freely posted on bitcointalk. Even moderators of his communities have came out against his unilateral censorship.

Como se viu, THEYMOS é Michael Marquardt!
E agora busque isso:
- carteira THEYMOS No. 1 - 1NXYoJ5xU91Jp83XfVMHwwTUyZFK64BoAD;
- carteira THEYMOSNo. 2 - 138eoqfNcEdeU9EG9CKfAxnYYz62uHRNrA .

Aí vem o rufar dos tambores novamente:

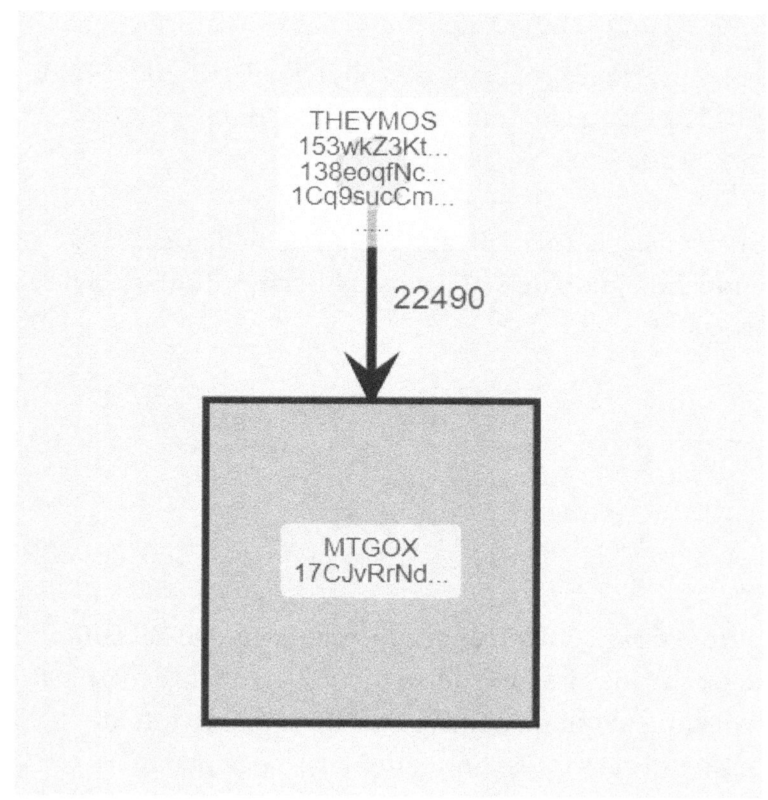


*THEYMOS - MTGOX*

Portanto, THEYMOS se tornou um dos primeiros
investidores na conhecida MtGOX (se você não sabe o
que é isso, então veja uma referência:
https://en.wikipedia.org/wiki/Mt._Gox ).

Então, THEYMOS transferiu BTC 22.490 para a MtGOX.
Você pode até conferir esta transação aqui

https://www.blockchain.com/btc/tx/d38f1409a188bc60b223ca329e05d53af8de249e95c16964 5be3319836be4

Esta transação foi realizada em 21 de maio de 2010, sendo 1 de julho de 2010 a data oficial da fundação da MtGOX.

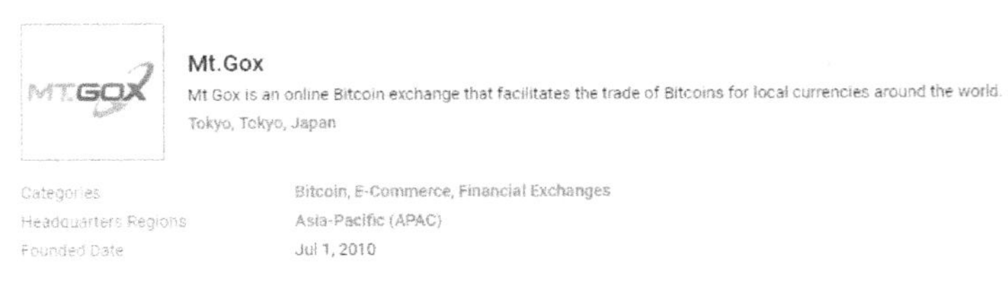


Vamos parar com a palhaçada, mano, eu não sei como você está, mas isto me deixa um pouco doente . Vamos fazer uma pequena pausa antes do próximo lote de coisas interessantes. Enquanto isso, você pode ler minhas conclusões em nesta seção:

- Satoshi supostamente desapareceu, mas seu dinheiro ainda pode estar se movendo
- Satoshi colocou seu dinheiro no serviço de embaralhamento Silk Road
- Satoshi organizou um sistema de negócios graças ao qual encontramos as carteiras "Enjoy" e "Sochi". Uma cidade russa e Satoshi - vocês estão falando sério, pessoal?

Satoshi transferiu dinheiro para a Theymos, que acabou se revelando um homem enganador, investindo todo o

seu capital na bolsa MtGOX antes mesmo de sua
abertura.

# Capítulo 3. Bolsa MtGOX

Eu entendo você...

Eu sinto sua respiração rápida e quente. Seu olhar intencional por baixo das pálpebras semi-fechadas. As pontas dos dedos macios, passando pelos cabelos e ...

E uma pergunta clara em sua cabeça: "QUE CACETE ESTOU LENDO AGORA?"

Não fique bravo, mano, não é a próxima parte de "50 Tons de Cinza", não se preocupe. Você não se perdeu. Eu apenas o preparo para a próxima merda (leia "conspiração"), que eu descobri neste milagroso mercado descentralizado de criptomoedas!

Na verdade, eu apenas decidi fazer uma espécie de reinicialização literária para o seu cérebro. Eu consegui isso? Se sim, continue lendo. Caso contrário, tenho sorte de estar longe de você agora. Segure o livro com força, nerd, e continue a ler!

Portanto, como descobrimos na seção anterior, THEYMOS transferiu  BTC 22.490 para a carteira da bolsa MtGOX em 21 de maio de 2010. Que tipo de "escritório" é esse? Vamos descobrir.

MtGOX foi fundada em 2007 por um cara, Jed McCaleb. No início, a bolsa estava envolvida na venda de cartões do jogo Magic the Gathering, por isso foi nomeada Magic The Gathering Online eXchange. Em 2011, a bolsa foi vendida para a empresa japonesa TIBANNE Co., Ltd. Portanto, Jed McCaleb acabou com apenas 12% das ações da MtGOX, e um certo Mark Karpeles *(www.linkedin.com/in/karpeles/)*, ficou com o restante, 88%. Mesmo antes do lançamento oficial da bolsa - como lembramos, em 1º de julho de 2010 -, o dinheiro começou a entrar em sua carteira:

| Date | Amount BTC | Senders | Sent |
|---|---|---|---|
| 19.05.2010 | 10 | 16RcAV7PN6QS3MaRtSEy3YbBfztA1DUxr | 10 |
| 21.05.2010 | 22490 | 153wkZ3Ktm2rYT5TniDxj43Wy1ihjD59GW | 400 |
| | | 138eoqfNcEdeU9EG9CKfAxnYYz62uHRNrA | 5000 |
| | | 1Cq9sucCmX7M82JDm6qYpgk7C3RYZYQC22 | 2500 |
| | | 16WvoYoAdPRja4g5SnKxiXmGxXKTj41toS | 3300 |
| | | 1LkukeTemkYDxKXxkTRit6XpTVuApnw31V | 11000 |
| | | 138eoqfNcEdeU9EG9CKfAxnYYz62uHRNrA | 290 |
| 28.05.2010 | 2500 | 138eoqfNcEdeU9EG9CKfAxnYYz62uHRNrA | 2500 |
| 09.06.2010 | 3600 | 16WvoYoAdPRja4g5SnKxiXmGxXKTj41toS | 100 |
| | | 138eoqfNcEdeU9EG9CKfAxnYYz62uHRNrA | 3500 |
| 18.06.2010 | 5000 | 1LkukeTemkYDxKXxkTRit6XpTVuApnw31V | 3700 |
| | | 1DZFcB4AnHcabWnkTH4TYNqyVxUbe96n1w | 300 |
| | | 1Mru9STd941rgyEH8UvPrJBaJVr1kHbkp8 | 1000 |
| 19.06.2010 | 400 | 1CxpRFocvZ3xfGxDXM4T2Nb2PncB1vpu5q | 50 |
| | | 1HeotPnZVRbxGYtzWVo4s1FBZBqvGNqEqA | 50 |
| | | 1BnExE2TotsZQbiiE51MvUb1pyTGohzu7V | 50 |
| | | 16W39xn2MF4VtWw7xGUDGCDSUVytoULeF7 | 50 |
| | | 15t65tSsRiDU63HzBYoo6FiQxejpst8fay | 50 |
| | | 14rXZuGJWnDmL8UbNQu2p4WLTsQtmU668o | 50 |
| | | 1H63ptHa99fTzx2pqbD4vRSGibMPKHBerw | 50 |
| | | 1JN9Qqizr8bSB9sjxrTgNVbpRj8hAVWEff | 50 |
| 24.06.2010 | 3700 | 16WvoYoAdPRja4g5SnKxiXmGxXKTj41toS | 400 |
| | | 16WvoYoAdPRja4g5SnKxiXmGxXKTj41toS | 150 |
| | | 1GEECfBjkeUMCf3TNWCHvXZKKjnjjra7tC | 3000 |
| | | 16WvoYoAdPRja4g5SnKxiXmGxXKTj41toS | 150 |
| 25.06.2010 | 3050 | 138eoqfNcEdeU9EG9CKfAxnYYz62uHRNrA | 3000 |
| | | 17ZC7FP7xe9SpBSiEx26CYQ3tw6u3ZEtB1 | 50 |
| 30.06.2010 | 295 | 1oxKqNXthUtE19NcWAihWg7peK95bMRQ9 | 50 |
| | | 1EA8vHtfmFuRYMWfSBraiknBCPC4wWTYnb | 50 |
| | | 1NmfSbHC1q9S3Ww1ApvrvJruW5P3dTcWYC | 50 |
| | | 114o8MsUzJn7grKKo1woghmGc6wQAs58U2 | 50 |
| | | 12PLHUQ2p56QX6Ht312q1WmZCFykuiGTyF | 50 |
| | | 14iQundB43KkLeuZG72nUch1UTUutTR1xS | 45 |

Se você esfregou bem os olhos e sua mente não está seriamente afetada por todo o álcool que bebeu durante a leitura das seções anteriores, observe a tabela acima:

1.  As carteiras de pessoas que transferem dinheiro se repetem

2.  A primeira transação, datada de 19 de maio de 2010, no valor de BTC10, foi realizada por alguém muito próximo a esta bolsa. Talvez tenha sido feita para verificar a carteira. Talvez não. Aqui está o

endereço do remetente -
16RcAV7PN6QS3MaRtSEy3YbBfztA1DUxr.

Por uma questão de conveniência (ou para você finalmente expressar um desejo de se matar por causa de todas estas informações), sistematizei todos os "investidores" da bolsa na tabela a seguir:

| Owners | Senders | Sent | % |
|---|---|---|---|
| THEYMOS | 1LkukeTemkYDxKXxkTRit6XpTVuApnw31V | 14700 | 87,68% |
| | 138eoqfNcEdeU9EG9CKfAxnYYz62uHRNrA | 14290 | |
| | 16WvoYoAdPRja4g5SnKxiXmGxXKTj41toS | 4100 | |
| | 1Cq9sucCmX7M82JDm6qYpgk7C3RYZYQC22 | 2500 | |
| | 153wkZ3Ktm2rYT5TniDxj43Wy1ihjD59GW | 400 | |
| | Total | 35990 | |
| "Shahrazad" | 1GEECfBjkeUMCf3TNWCHvXZKKjnjjra7tC | 3000 | 7,31% |
| "Noname" | 1Mru9STd941rgyEH8UvPrJBaJVr1kHbkp8 | 1000 | 2,44% |
| | 1DZFcB4AnHcabWnkTH4TYNqyVxUbe96n1w | 300 | 0,73% |
| | 114o8MsUzJn7grKKo1woghmGc6wQAs58U2 | 50 | 0,12% |
| | 12PLHUQ2p56QX6Ht312q1WmZCFykuiGTyF | 50 | 0,12% |
| | 14rXZuGJWnDmL8UbNQu2p4WLTsQtmU668o | 50 | 0,12% |
| | 15t65tSsRiDU63HzBYoo6FiQxejpst8fay | 50 | 0,12% |
| | 16W39xn2MF4VtWw7xGUDGCDSUVytoULeF7 | 50 | 0,12% |
| | 17ZC7FP7xe9SpBSiEx26CYQ3tw6u3ZEtB1 | 50 | 0,12% |
| | 1BnExE2TotsZQbiiE51MvUb1pyTGohzu7V | 50 | 0,12% |
| | 1CxpRFocvZ3xfGxDXM4T2Nb2PncB1vpu5q | 50 | 0,12% |
| | 1EA8vHtfmFuRYMWfSBraiknBCPC4wWTYnb | 50 | 0,12% |
| | 1H63ptHa99fTzx2pqbD4vRSGibMPKHBerw | 50 | 0,12% |
| | 1HeotPnZVRbxGYtzWVo4s1FBZBqvGNqEqA | 50 | 0,12% |
| | 1JN9Qqizr8bSB9sjxrTgNVbpRj8hAVWEff | 50 | 0,12% |
| | 1NmfSbHC1q9S3Ww1ApvrvJruW5P3dTcWYC | 50 | 0,12% |
| | 1oxKqNXthUtE19NcWAihWg7peK95bMRQ9 | 50 | 0,12% |
| | 14iQundB43KkLeuZG72nUch1UTUutTR1xS | 45 | 0,11% |
| "Wikipedia"/Founder | 16RcAV7PN6QS3MaRtSEy3YbBfztA1DUxr | 10 | 0,02% |

Você notou algo interessante aqui?
Dê outra olhada, mano.

Nada? Como assim? Tudo está bem claro!
Bem, ok, aqui vai:

- "Wikipedia" / Fundador transferiu BTC 10 da carteira

16RcAV7PN6QS3MaRtSEy3YbBfztA1DUxr, que já mencionamos

- Mais de 80% de todo o dinheiro foi transferido pela Theymos, de um grupo de carteiras associadas ao Bitcointalk
- Pouco mais de 7% do dinheiro foi transferido de uma carteira chamada "Shahrazad" (1GEECfBjkeUMCf3TNWCHvXZKKjnjjra7tC);
- Pouco mais de 2% do dinheiro foi transferido de uma carteira cujo proprietário não encontrei
- Pouco mais de 2% do dinheiro foi transferido de um grupo de carteiras BTC 50. Presumo que esses foram os primeiros mineradores, que decidiram investir seu primeiro capital minerado no MtGOX:

*WIKI*

Mano, segure-se na cadeira. Agora você entenderá o que a Wikipedia tem a ver com estas coisas.

Então, em 2014, havia um projeto (não está ativo agora) chamado " Blockchaininspector.com". O objetivo deste projeto era bastante transparente (e interessante para mim): ele analisou todas as transações na rede usando inteligência artificial.

Graças a este artigo *(https://medium.com/@bci_corporate/profiling-bitcoin-users-with-artificial-intelligence-our-proof-of-concept-33c3ad08884)*, aprendi que a inteligência artificial também trabalhava em duas carteiras dos investidores no MtGOX. Outra coisa que descobri é que a carteira, que criou o MtGOX, transferia dinheiro para o Wikimedia Commons.

### Rule 3

*IF a Bitcoin address makes a transaction to a well-known foundation (like Wikipedia) THEN create a relationship "made a donation" to the foundation.*

*Existing data* : The database contains an entity named "Wikipedia" which owns the address "16RCdSYjvj6PpCcbAWVzoArQaYVz3Tf5W4". We also know that "Wikipedia" is a foundation.

```
//-- Declaration of the rule.
ACTION& BitTransRule3 = NewRule(BitTransRule3Callback);

//-- Variables declaration.
CONCEPT& A = AddVariable(*CONCEPTS::BITADDRESS);
CONCEPT& B = AddVariable(*CONCEPTS::BITADDRESS);
CONCEPT& Foundation = AddVariable(*CONCEPTS::FOUNDATION);

//-- IF <A, InBitTransaction, Actor(BitTransRule3)> AND <B, InBitTransaction, Target(BitTransRule3)>
//--    AND <Foundation, Own, B>
AddGoal(BitTransRule3, A, *ACTIONS::INBITTRANSACTION, ACTIONS::GetActor(BitTransRule3) );
AddGoal(BitTransRule3, B, *ACTIONS::INBITTRANSACTION, ACTIONS::GetTarget(BitTransRule3) );
AddGoal(BitTransRule3, Foundation, *ACTIONS::OWN, B);

//-- THEN <A, Donation, Foundation>
AddEffect(BitTransRule3, A, *ACTIONS::DONATION, Foundation);
```

Rule 3 source code

Então, este cara fez uma doação à Wikipedia e, depois, investiu com calma as primeiras BTC 10 no MtGOX. Essas bitcoins foram extraídas em 26 de abril de 2010:

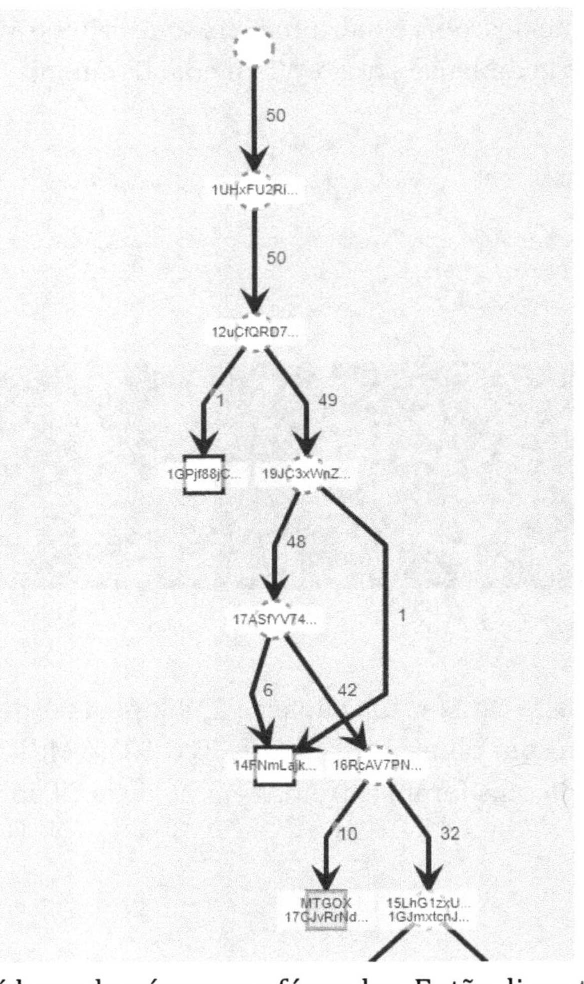


Agora é hora de números e fórmulas. Então, li neste artigo *(https://www.quora.com/In-2010-how-many-Bitcoins-could-I-have-mined-with-a-PC)* que um computador medíocre poderia extrair X blocos por dia, em 2010, usando esta fórmula:

(2271696 * 86400) / (4294967296 * N) = X blocos de BTC 50, em que N é complexidade.

A tabela da Wiki Bitcoin
*(https://docs.google.com/spreadsheets/d/1DQYQOLsB-*
*pJWGu5e8CXF4vkxdYHEJDOyxQptBmC_030/edit)* mostra que a
complexidade era 11 em 26 de abril de 2010. Portanto,
agora, podemos calcular quantas bitcoins um
computador poderia minerar por dia:

(2271696 * 86400) / (4294967296 * 11) = 4 blocos de
BTC 50.

O que isso significa? Isso significa que qualquer um dos
primeiros mineradores de Bitcoin poderia ser um
patrono. Falhei ao estabelecer o nome específico.
Se você descobrir quem é este homem, me avise, amigo.

*SHAHRAZAD*

Cara, se você está lendo essas linhas agora,
provavelmente se recuperou da investigação anterior.
Lágrimas quentes de frustração não rolam mais pelas
suas bochechas, e a fé - fé em um futuro brilhante de
criptomoeda - brota em seu coração novamente. Não
fique mole, levante, ligue uma música relaxante,
tranquila, digamos, Master of Puppets, do Metallica, e
continue lendo.

Assim, minha atenção foi atraída por outro artigo
*(medium.com/@bci_corporate/profiling-bitcoin-users-with-*
*artificial-intelligence-our-proof-of-concept-33c3ad08884)*     neste
site.

Oferece a análise da carteira de Shahrazad feita pela inteligência artificial

1GEECfBjkeUMCf3TNWCHvXZKKjnjjra7tC.

### Rule 1

IF an address (A) makes regular money transfer to another address (B) owned by an entity that is a restaurant THEN A's owner country = B's owner country.

*Existing data* : The database contains an entity named "Shahrzad" which owns the address "1GEECfBjkeUMCf3TNWCHvXZKKjnjjra7tC". We also know that "Shahrzad" is a restaurant located in Iran.

```
//-- Declaration of the rule. Takes as input a function that computes the rule's effects believes
//-- according to the unified goals.
ACTION& BitTransRule1 = NewRule(BitTransRule1Callback);

//-- Variables declaration. A variable has a type e.g. A is of type BITADDRESS.
//-- L is of type something that is a target of a GEO_POS action
CONCEPT& L = AddVariable(ACTIONS::GetTarget(*ACTIONS::GEO_POS));
CONCEPT& A = AddVariable(*CONCEPTS::BITADDRESS);
CONCEPT& B = AddVariable(*CONCEPTS::BITADDRESS);
CONCEPT& P = AddVariable(*CONCEPTS::LEGAL_PERSON);

//-- IF <A, InBitTransaction, Actor(BitTransRule1)> AND <B, InBitTransaction, Target(BitTransRule1)>
//--    AND <B, GeoPos, L> AND <P, Own, B>
AddGoal(BitTransRule1, A, *ACTIONS::INBITTRANSACTION, ACTIONS::GetActor(BitTransRule1));
AddGoal(BitTransRule1, B, *ACTIONS::INBITTRANSACTION, ACTIONS::GetTarget(BitTransRule1));
AddGoal(BitTransRule1, B, *ACTIONS::GEO_POS, L);
AddGoal(BitTransRule1, P, *ACTIONS::OWN, B);

//-- THEN <A, GeoPos, L>
AddEffect(BitTransRule1, A, *ACTIONS::GEO_POS, L);
```

Rule 1 source code

Por que eu chamo essa carteira de "Shahrazad"? O fato é que seu proprietário deixou a tag "Shahrazad" na blockchain. Ele o indicou ao criar uma carteira.
Outra pergunta surge. O que é ou quem é "Shahrazad"? Você acha que esse é o personagem principal de um conto de fadas oriental? Não mesmo.
O Shahrazad é um dos mais luxuosos restaurants *(www.tripadvisor.ru/ShowUserReviews-g295423-d1907353-r516978003-Restaurant_Shahrzad-Isfahan_Isfahan_Province.html)*, no... Irã. Irã, Carl !!!

O artigo, o link que citei acima, diz que as transações desta carteira foram feitas para o Irã. Para garantir isso, fui ao Blockseer e vi o seguinte:

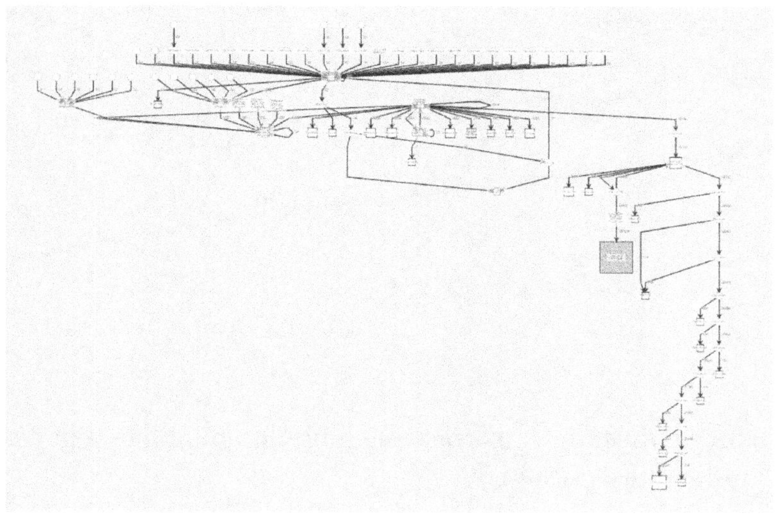

E aqui devemos destacar três pontos importantes:

1. **GOX.**

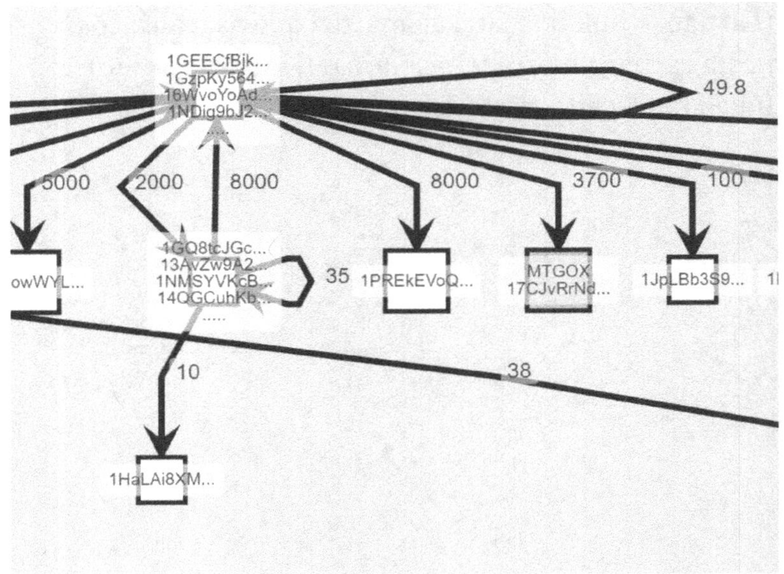


Esta é a mesma transação que tenho na minha tabela de "investidores" da GOX.

## 2. NÃO É GOX.

Apenas imaginem! "Shahrazad" transferiu BTC 80.000 de carteiras próprias e relacionadas para uma carteira 1LUPDXYf9XD9Ee1AqCuM3gZCA3ZMKgTcgw .
A partir desta carteira, os bitcoins foram transferidos para "NOT A GOX" ou para o carrossel de Satoshi (falaremos sobre isso mais tarde).

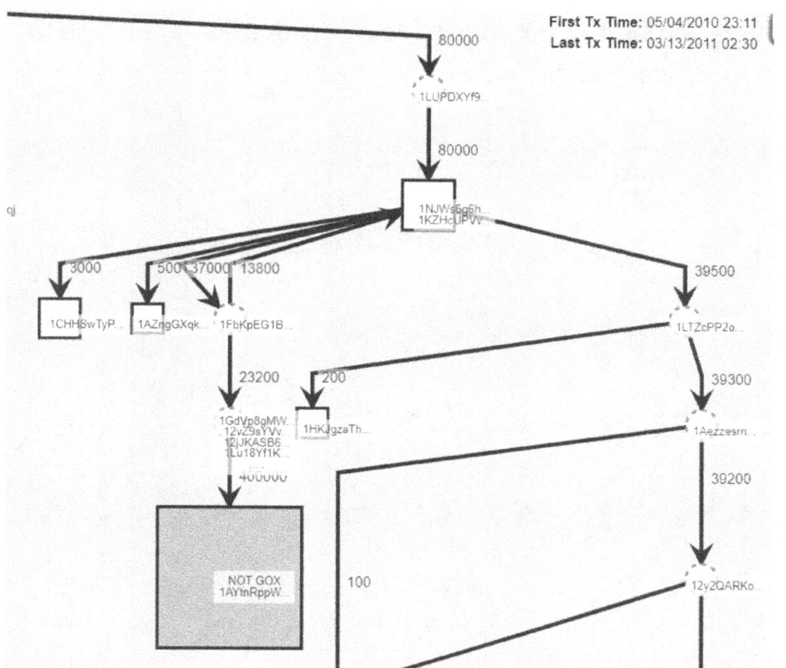



Todas estas transações foram realizadas em 2010 e 2011.

Dois pontos interessantes estão associados à carteira "NOT A GOX"

*(www.blockchain.com/btc/address/1AYtnRppWM7tWQaVLpm7T vcHKrjKxgCRvX),* que agora está vazia:

1. É mencionada no Bitcointalk *(bitcointalk.org/index.php?topic=495713.new)* como estando envolvida no roubo de fundos do MtGOX, ou seja, é considerada a porta de entrada para a retirada de 400.000 BTC roubadas. A análise de suas transações (www.blockseer.com)

mostra evidências indiretas dessas reivindicações.

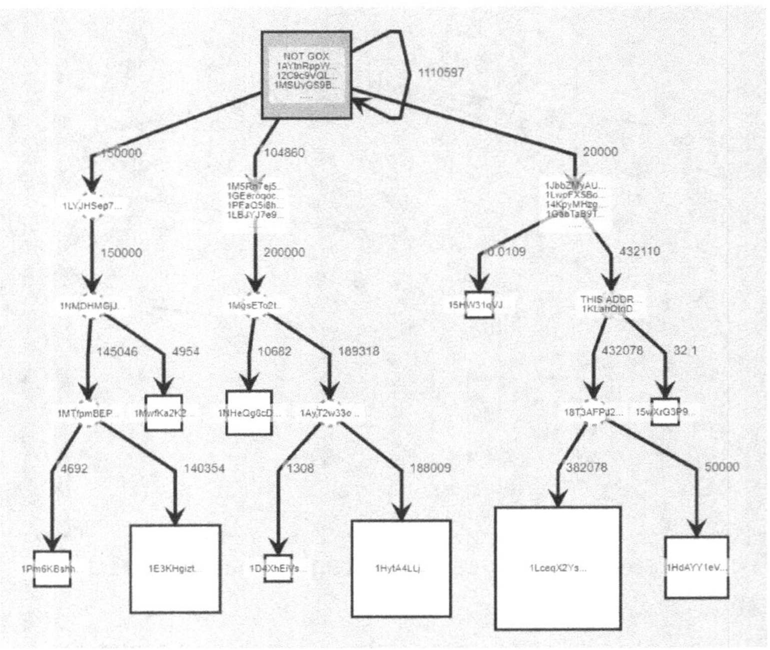

Depois, estas bitcoins foram divididas em pequenos lotes e transferidas para diferentes endereços. Se você deseja contemplar todos os endereços finais de bitcoins roubadas, alguém teve o trabalho de fornecê-los aqui *(www.cryptoground.com/mtgox-cold-wallet-monitor/)*.

2. A carteira "NOT A GOX" é a destinatária das microtransações que já mencionamos. Olhe atentamente e você entenderá tudo:

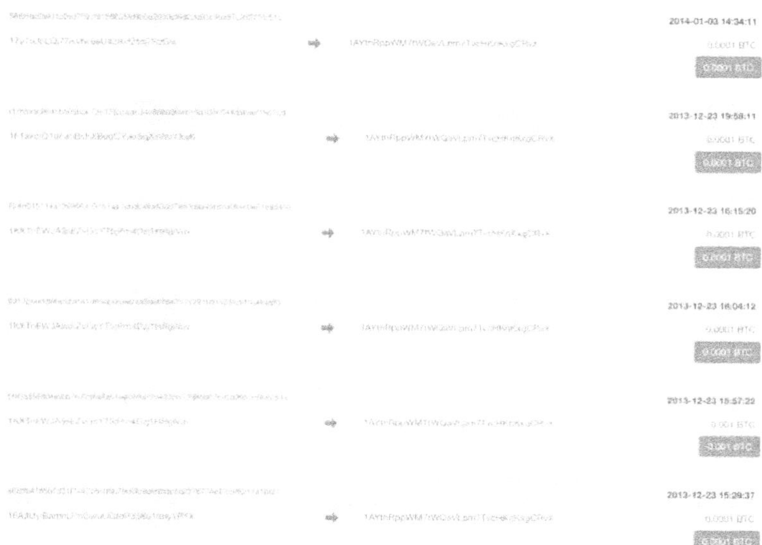

Se você sofre um pouco de esclerose , lembro que as transações BTC 0.001 / 0.00001 sinalizam para iniciar ou terminar um algoritmo bot de troca.

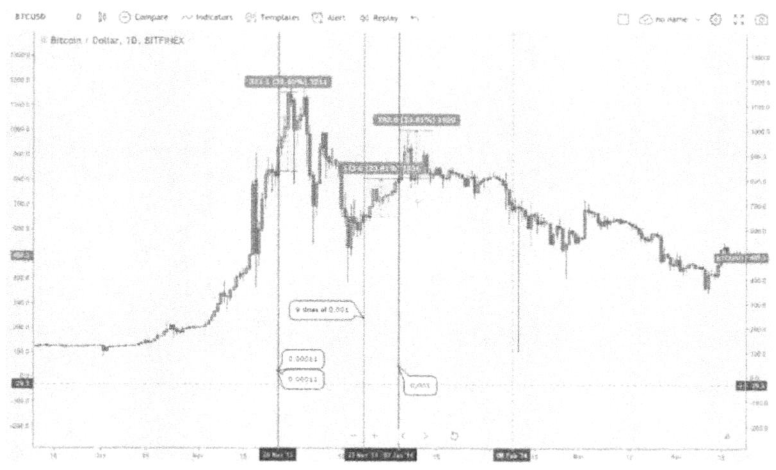

Se considerarmos as transações de BTC 0.00011, elas foram feitas na carteira "NOT A GOX" já vazia (4 000 000 BTC já haviam sido retiradas de lá) da carteira 1QDTBF1Rynqfm1fhdFyNkhYeofxMcuqKDc . Se você abrir esta carteira, verá que ela também recebeu as microtransações das carteiras "ENJOY" e "SOCHI" de que falamos na seção anterior.

Também vasculhei as transações de outro grupo de carteiras que transferiram o BTC 0,001 para "NOT A GOX" e descobri o seguinte carrossel:

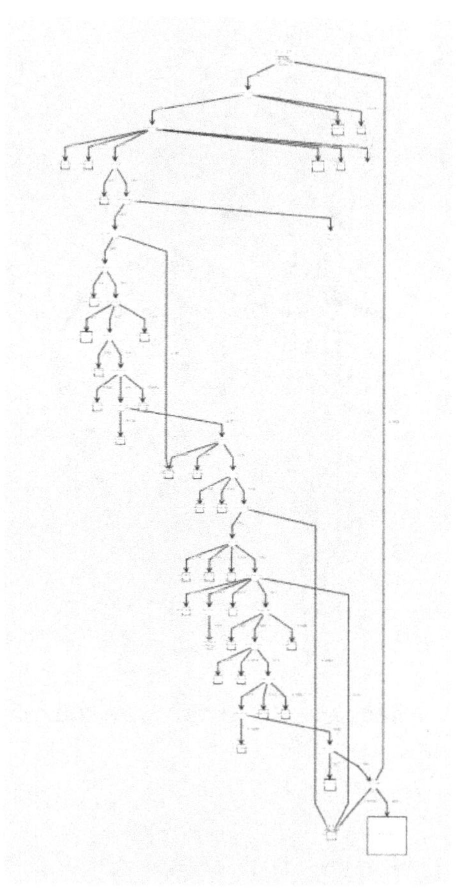

"NOT A GOX" está no canto inferior esquerdo.

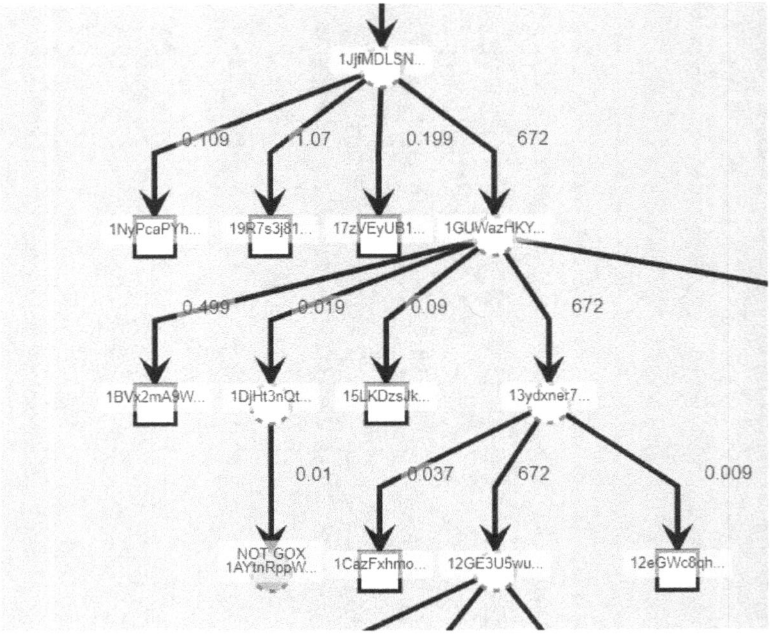

O carrossel começa em btc-e.com (na parte superior).

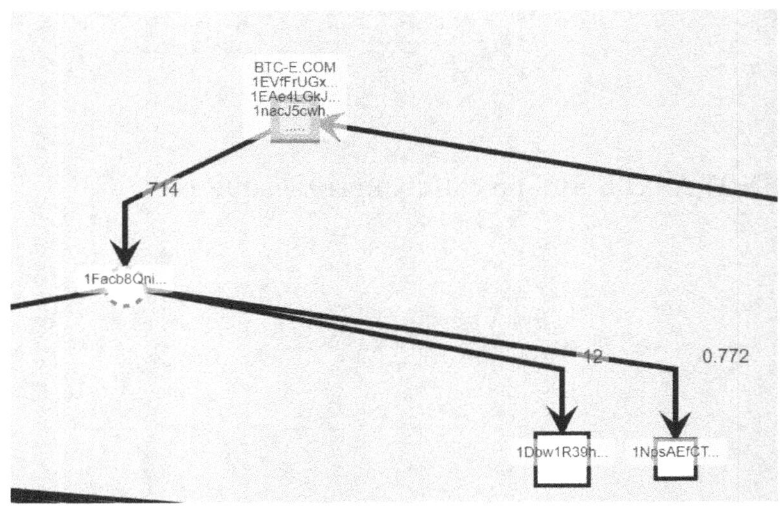

Para aqueles debaixo de uma rocha: BTC-E é a maior bolsa de criptomoedas da Rússia. Tem muito em comum com o MtGOX. E não quero dizer a maneira como elas funcionam). Uma característica comum é que ela também se tornou uma farsa e deixou de funcionar em 25 de julho de 2017. Acredita-se que o motivo do colapso seja a lavagem de dinheiro a favor de um de seus líderes, Alexander Vinnik (você se lembra da carteira "SOCHI"?)

Eu sei que você é preguiçoso (afinal, estou certo, mano) e você não quer perder tempo com isso. Portanto, decidi me aprofundar nas informações sobre este Alexander Vinnik na web e apresentar um breve relatório. Vamos ver:

- Alexander Vinnik e outro cara trabalharam como programadores no Instituto de Ciência e Tecnologia Skolkovo, na Rússia (não se esqueça da carteira SOCHI, mano)
- As autoridades americanas indiciaram Alexander Vinnik por lavagem de US $ 4 bilhões via Bitcoin, por meio da negociação no BTC-E. O dinheiro que ele lavou havia sido ganho com a venda de drogas, armas e outras coisas desagradáveis
- Alexander Vinnik é considerado um dos principais suspeitos de invadir a bolsa MtGOX.

É claro que a bolsa MtGOX se fez de desentendida a respeito de nosso Alexander Vinnik, mas eu achei um artigo _(www.coindesk.com/btc-e-concerns-russian-criminal-investigation)_curioso dizendo que os russos Alexander e Aleksey fundaram a BTC-E.

**BTC-e unconcerned**

BTC-e representatives were confident that Russia's actions will not be detrimental to their operations. A spokesperson implied that BTC-e faces little risk, as it does not have any offices in Russia or work with any Russian banks. Its founders Aleksey and Alexander, while residents of Russia, are not citizens.

Para encerrar, aqui está um artigo, ou melhor, um relatório *(https://blog.wizsec.jp/2017/07/breaking-open-mtgox-1.html#more)* da empresa japonesa de segurança de criptografia WizSec, que comprova a conexão entre Alexander Vinnik e o hacking da MtGOX. Você pode ler tudo sobre o algoritmo de hacking da bolsa. Aqui está um mapa *(https://wizsec.jp/images/theft_flow.svg)* de movimento da grana roubada da MtGOX. A BTC-E também é mencionada.

### 3. Carrossel de Satoshi Nakamoto

Como você se lembra, destacamos três pontos sobre o dinheiro roubado da MtGOX. Portanto, a terceira "célula" para onde uma parte do dinheiro roubado foi transferida é o chamado carrossel de Satoshi.

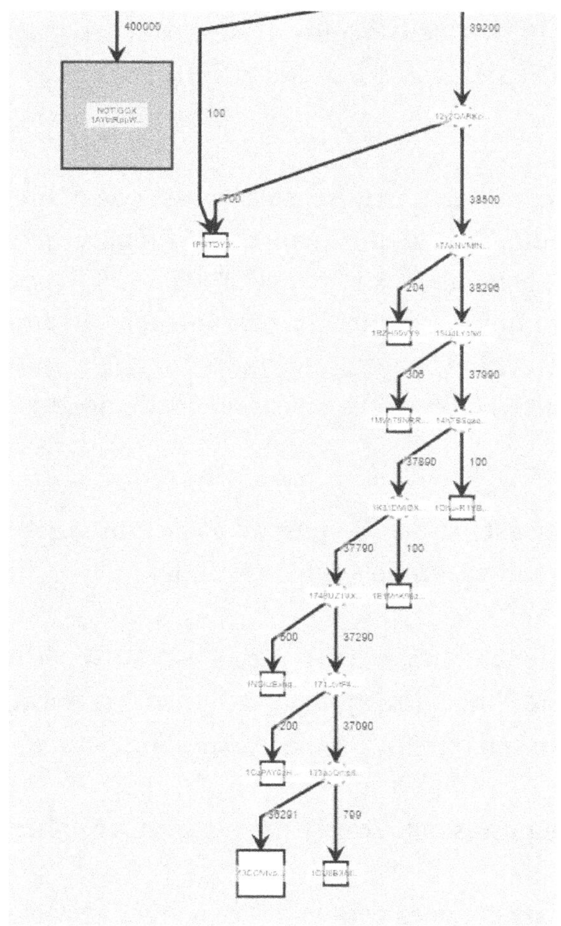

Claro, comecei a examinar este carrossel no blockchain.com.

A primeira carteira foi 13CCfvtvppQnFtQxE12sNufVa9j4WNm3v2. A investigação levou-me à carteira 17TZNT8CBPzUPDfKTXC25RQHrW6M2q6kRo, que ainda possui BTC 2.995. Como parte do carrossel, 204 bitcoins foram transferidos desta carteira para a carteira 1PCM4gvyAua6ZidxzUSARDCvtT4qUK4G7G em 2017.

Continuei minha pesquisa do carrossel de maneira semelhante, mas depois ficou mais difícil, à medida que o carrossel começava a "beliscar" BTC 1-0,5 a cada turno. No final, este caminho me levou à carteira 1JG4BAHYriwhDfzaPPLgg3NJkSDQ5vyUxk, que armazena BTC 65 deste carrossel desde novembro de 2017.

Em suma, esta subseção passou a ser tanto interessante quanto tediosa, então sugiro resumir:

- Alexander Vinnik hackeou a bolsa MtGOX
- Ele conseguiu ajuda "de dentro" da bolsa, talvez, de seu parceiro Aleksey. Que lhe parece?

Agora, algumas palavras sobre a carteira Shahrazad:

- Esta carteira estava nas origens da bolsa MtGOX. Talvez até tenha acesso aos seus internos
- BTC 80.000 de "gasto duplo incorreto" foram transferidos para esta carteira devido a um algoritmo "torto" da carteira quente da MtGOX.
- Esta carteira formava os ativos de outra carteira, a saber, NOT A GOX. Uma soma total de ativos nestas carteiras é de 400.000 BTC, que é um

múltiplo de 40.000 BTC, original do algoritmo
"torto".

## CARAS DA MTGOX

Antes de começarmos a fofocar sobre os caras do
MtGOX (LOL), vamos relembrar um pouco a história de
sua criação. Então, a princípio, a empresa estava
envolvida no comércio de cartões de jogo e o famoso
Mark Karpeles surgiu apenas em março de 2011,
quando a bolsa foi vendida para sua empresa japonesa,
TIBANNE Co., Ltd. Faltavam alguns meses para a
chegada do nosso amado Alexander Vinnik.

O que sabemos sobre a TIBANNE Co. Realmente? Eu
posso dizer apenas duas coisas:

- site oficial da empresa não funciona
- Eu descobri informações
  *(https://bitcointalk.org/index.php?topic=110356.0)* no
  Bitcointalk que, em 2012, definiram um cara
  para encontrar o endereço real desta empresa.
  No entanto, ele não encontrou o escritório nem
  os funcionários. Talvez, a empresa nunca tenha
  existido?

Mas, caramba, este mundo é tão bonito e as
oportunidades oferecidas pela Internet são

maravilhosas, pois fortalecem enormemente nossas capacidades na investigação! Então, descobri na Internet o plano de negócios do MtGOX para 2014-2017. A alta gerência da então maior bolsa de criptomoedas é representada neste plano de bom tamanho por apenas algumas palavras:

- CEO Mark Karpeles

- Diretor de Desenvolvimento Gonzague Gay-Bouchery
  *(https://www.youtube.com/watch?v=Mn16YZZEf0I)*

Quando estes dois caras não conseguiram mais esconder a verdade sobre as bitcoins roubadas, a história de sua bolsa tornou-se pública. Eles chegaram às manchetes. Após o golpe, foi decidido estabelecer o conselho de supervisão da MtGOX. O conselho foi nomeado por um regulador japonês quando a TIBANNE apresentou uma petição formal de falência. O conselho incluiu o CEO e o fundador da bolsa de criptomoedas Kraken, Jesse Powell, e o presidente do conselho de credores (conselho de supervisão) Nobuyuki Kobayashi. Além disso, muitos comerciantes enganados, que sonhavam em recuperar seu dinheiro, tornaram-se membros do conselho. Sinto muito por aquelas pessoas.

Para resumir. Depois de ler esta seção sem fim, você pode facilmente girar o dedo indicador em uma têmpora e dizer que sou louco. No entanto, todos estes fatos podem ser apenas uma mera coincidência? Penso que não! Espero que concorde comigo.

Vamos lá, eu vou decifrar para você. Temos apenas 8 pontos. Leia-os e vá para a cama. Esta bagunça no mercado deve ser pensada adequadamente:
1. Os primeiros investimentos em MtGOX foram feitos por doadores de Bitcointalk e Theymos
2. O primeiro doador de MtGOX foi um dos primeiros mineiros, que até fez doações para a Wikipedia
3. Outro doador era um Shahrazad do Irã, que ganhou muitas bitcoins após a bolsa ter sido hackeada
4. Alexander Vinnik é (provavelmente) quem conseguiu invadir a bolsa. Ele fez isso com a ajuda de seu parceiro e lavou a grana através da BTC-E

5. O parceiro de Alexander Vinnik (talvez Shahrazad?) não foi divulgado. Talvez, ele esteja comendo deliciosas refeições no restaurante iraniano agora e tenha soluços?

6. Alexander e seu parceiro trabalharam como programadores no mesmo escritório em Skolkovo

7. No contexto de Vinnik, as carteiras ENJOY e SOCHI parecem estar ainda mais conectadas à carteira NOT GOX. Suponho que elas foram gerenciadas por russos que também estavam envolvidos na BTC-E

8. Os chamados "carrosséis de Satoshi" emergem novamente na blockchain, retirando dinheiro de um belo e transferindo para milhares de carteiras pequenas, seguidas de divisões.

# Capítulo 4. THEYMOS

Se você acha que a seção anterior foi muito longa e entediante, eu nem sei se você deve começar a ler esta. Hmm...

Talvez não devamos prejudicar tanto a sua mente, porque não serão necessárias apenas uma ou duas páginas deste livro para descobrir a bagunça intitulada "Theymos". Pode parecer um verdadeiro inferno! Se lá no fundo você ainda pensa que é um homem forte (mesmo que seja uma mocinha, risos), então seja paciente, tome uma xícara de café (ou um copo de uísque) e siga em frente. Eu estava digitando por muito tempo, tive pena dos meus dedos e mergulhei nessa seção)

Vamos Rever: Theymos foi o primeiro administrador do Bitcointalk e gastou todas as doações de Bitcoin com o objetivo errado: ele investiu na MtGOX.

Nosso personagem, chamado Theymos, na verdade tem nome , Michael Marquardt. Você pode ler mais informações sobre ele aqui *(https://bitco.in/forum/threads/who-is-theymos-and-what-did-he-do.87/)*. E aqui estão os endereços de e-mail dele:

- theymos@mm.st

- theymos@gmail.com
- theymos@hotmail.com
- theymos@aol.com
- theymos@yahoo.com

Para obter os seguintes resultados da investigação, usei apenas informações abertas de rede. Então, agora vou dar os links básicos de todas as carteiras Theymos entre si e com outros membros da rede.

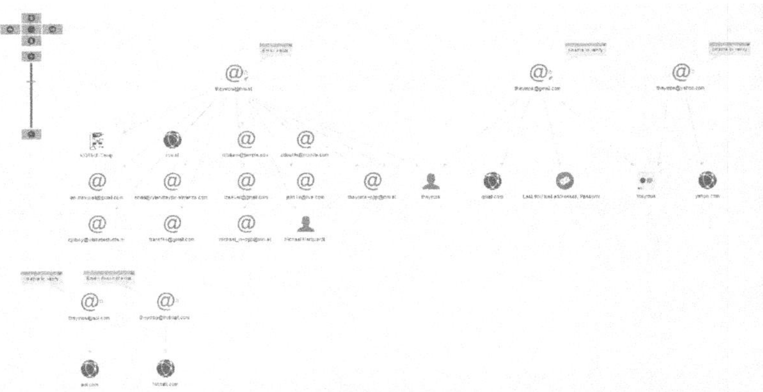

Se você examinar a imagem cuidadosamente, poderá chegar às seguintes conclusões:

- theymos@mm.st é o principal endereço de e-mail do Sr. Theymos. Além disso, ao enviar mensagens, o cara usava criptografia PGP *(https://en.wikipedia.org/wiki/Pretty_Good_Privacy)*
- O endereço de email acima foi usado para enviar mensagens para os seguintes endereços: ian.maxwell@gmail.com,

email@rylandtaylor-almanza.com,
cjplooy@ultimatestunts.nl,
frankf44@gmail.com, dfolkins@temple.edu,
cdouble@mozilla.com,  js9119@live.com

- theymos@mm.st também se correspondia
  com o endereço  michael_m@mm.st. Como
  eu o defini? É muito simples. Um traço
  *(http://keyserver.ubuntu.com:11371/pks/lookup?op
  =vindex&search=0xC6555693DAB591E7)* da troca
  de chaves de criptografia PGP permaneceu na
  web
- Nosso Theymos também está registrado aqui
  *(https://www.flickr.com/photos/21584737@N07),*
  embora ele não tenha publicado nada. Dois
  endereços de e-mail dele apontam para a
  conta neste site: theymos@gmail.com e
  theymos@yahoo.com
- E, por último, mas não menos importante, os
  endereços theymos@mm.st e
  michael_m@mm.st (não obstante a PGP) nos
  fornecem um link com um certo Michael
  Marquardt.

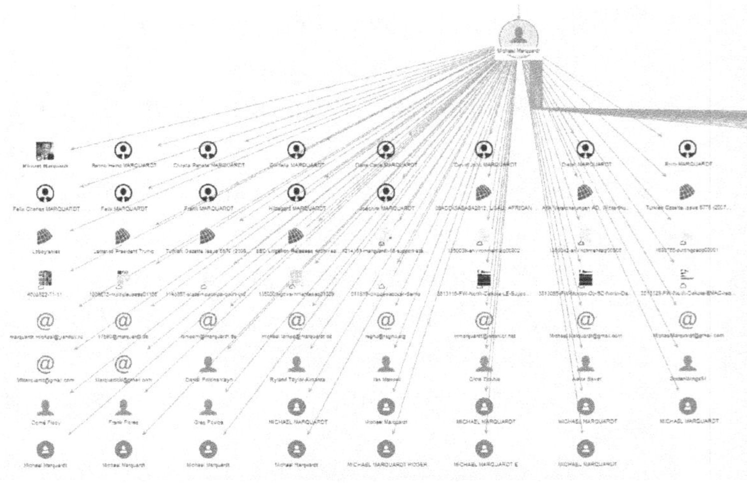

Minha investigação mais aprofundada me leva a uma ação envolvendo o domínio Bitcoin.org, onde o Departamento de Justiça dos EUA identifica nosso Theymos como Michael Marquardt *(www.bloomberg.com/news/articles/2018-08-06/a-culture-war-is-brewing-between-bitcoin-s-old-and-new-money)*.

The safeguards around Bitcoin.org allow Theymos to take over in an emergency, like if "Cobra was hit by a bus or something," he said. Theymos, who was identified as Michael Marquardt by the U.S. Justice Department in a 2014 subpoena in the case against Ulbricht, is against a change in ownership for Bitcoin.org.

"While domain names like Bitcoin.org are inherently centralized and therefore subject to at least some fallible humans, I find the idea of handing Bitcoin.org to some politicizable nonprofit organization to be very distasteful," Theymos wrote in an email. "In some sense, the whole point of Bitcoin and the cypherpunk movement from which it spawned was to escape politics."

Agora vou compartilhar minhas conclusões com você. Você pode acreditar neles ou não (mas eu espero que você acredite, mano). Então, suponho que nosso Theymos seja um cara de Wisconsin (https://pastebin.com/Wsua0hS7).
Encontre o endereço e o número de telefone (e até o Skype) abaixo (ou clique no link):

```
Name: Michael Marquardt
Emails: theymos@mm.st / theymos@gmail.com / theymos@hotmail.com / theymos@aol.com / theymos@yahoo.com
Personal: michaelmarquardt@mm.st
Phone: 920-358-0624
Address: 1552 Park St
City: Middleton
State: Wisconsin
Zip: 53562
DOB: June 15, 1991
Domain: theymos.com
Skype: theymos1
Last 4: 7352
EXP: 01/16
SSN: xxx-xx-0179
Relatives: Laurie Marquardt
```

## THEYMOS & MTGOX

Cara, agora eu quero ver seu rosto surpreso com olhos esbugalhados (eu estou rindo agora, ahahaha). Eu posso imaginar você perguntando como esse autor idiota estabeleceu a identidade de Theymos, sobre a qual estamos lendo desde a primeira página do livro. Em suma, você pode não me agradecer, é tudo para você, meu querido leitor :) Segure que eu já apresentei o Theymos, então vamos continuar.

Portanto, temos sorte de ter alguém muito descuidado na rede, pois agora temos as seguintes informações para nossa investigação. Em 17 de dezembro de 2017, alguém enviou um email para theymos@mm.st. E imagine que um anexo, um arquivo pdf de 84 páginas "caiu" dessa carta.

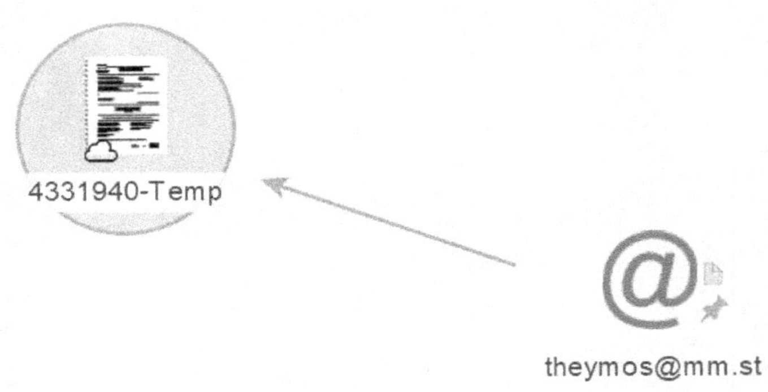


Para visualizar este anexo, clique aqui *(www.documentcloud.org/documents/4331940-Temp.html)*. Para meus leitores preguiçosos, que nunca seguem meus links e preferem receber um breve relatório, devo dizer: o anexo da carta continha arquivos de processos da sessão da Suprema Corte do Mississippi *(www.coindesk.com/mississippi-doctors-sued-mt-gox-for-bitcoin-loss-now-worth-135-million)* de 16 de dezembro de 2017 . Estes arquivos revelam que um demandante (uma família de médicos do Mississipi) perdeu US $ 133 milhões, ou BTC 9.500, devido ao golpe da MtGOX. Eles entraram com uma ação contra a MtGOX, a TIBANNE KK (uma entidade legal da MtGOX), Jed

McCaleb (que possuía 12% da MtGOX), Mark Karpeles (que possuía 88% da MtGOX), MUTUM SIGULUM LLC, CODE COLLECTIVE LLC e um grupo de indivíduos sob o nome de John Does.

Portanto, meus amigos, uma conexão entre o Sr. Marquardt e MtGOX é óbvia, novamente.

*MELHORES AMIGOS DE THEYMOS*

Graças à Internet, eu revelei que nosso Theymos (Michael Marquardt) contatou essas pessoas:

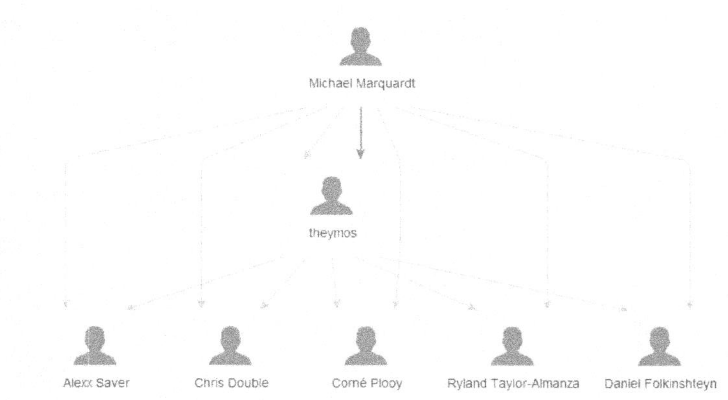


E agora começa a parte mais interessante.Vamos considerar cada um deles, desde o menor (agora não estou falando de altura) até o maior.

Chris Double. Um homem completamente estranho que conhece todos na comunidade de criptomoedas. Mas porquê? Talvez ele seja um guitarrista hábil.
Deus sabe por que se misturam com ele.

Ryland Taylor-Almanza. Esse cara tem uma história muito interessante. Ele vende medicamentos, o site *(rylandtaylor-almanza.com)* está vinculado ao IP russo, registrado em ".com", e o endereço do servidor nos leva a Chipre (Limassol, Agios Fylaxeos 66 e Chr. Perevou 2, Kalia Court, off. 601). Se você tentou abrir o site dele e falhou, não se apresse em me acusar de mentir. O fato é que este link realmente não abre; há um redirecionamento, por meio de um link de referência, para outra farmácia on-line. Aqui está *(big-pharmacy.com)*.

Coorne Ploy.
Ele conhece a plataforma OTC alemã / holandesa Bitonic.nl, onde BTC 375.000 foram vendidas durante todo o tempo de sua existência.

A plataforma aceita pagamentos bancários e também possui uma bolsa de criptomoedas. O interessante é que também aceita os pagamentos da SEPA. Se você está familiarizado com o assunto, entende que pode haver muito dinheiro obscuro.

Daniel Folkenshteyn. Ele parece ser uma pessoa muito inteligente.Ele tem PHD em Finanças *(www.rowan.edu/home/sites/default/files/Rohrer College of*

*Business/folkinshteyn_daniel_01-26-2016.pdf)* e até trabalha como professor assistente na Temple University, na Filadélfia. Ele também é o autor de muitos artigos sobre Bitcoin *(https://papers.ssrn.com/sol3/cf_dev/AbsByAuth.cfm?per_id=604 000).* Não seja preguiçoso e leia pelo menos alguns deles. De fato, os artigos são muito bons, por exemplo, sobre Bitcoin como destruidora do sistema financeiro clássico, sobre criptomoeda e Nasdaq, sobre possíveis aplicações de Bitcoin, etc. E novamente: todos estes artigos têm algo muito interessante e muito em comum, a saber, uma semelhança em estilo de escrita e assunto com um livro de Satoshi Nakamoto. Está me acompanhando?

NeoFutur. A análise da correspondência desse último cara, Theymos, e outros caras, nos leva ao relacionamento deles com um certo William Waisse (ele é NeoFutur, *twitter.com/neofutur/*). Aqui estão os endereços: neofutur@ww7.be, wwaisse@neofutur.net, bitcoin.org@ww7.be. Espero que o último endereço de email também tenha ajudado você a notar que este cara está atrelado ao Bitcoin.org e Mark Karpeles.

Este cara também possui entidades jurídicas offshore: NEODYNE INVEST LIMITED (Belize) - *https://beta.companieshouse.gov.uk/officers/vdg0DtWQUGVUO4-qmENnA80wFdg/appointments;* NEOCORP EXPERTS L.P. (Wales) - *https://beta.companieshouse.gov.uk/officers/sA-5Dfs7BWrBYd0tmuhtbcbFab4/appointments.*

Suponho que ele poderia resolver as questões
referentes à moeda fiduciária offshore (FIAT) e Bitcoin.

E finalmente número 1 em nosso gráfico de amigos de
Theymos está Alexx Saver (SaverA@hotmail.com,
AlexxS@gmail.com, ASaver@gmail.com). Ele é dos mais
importantes, acredite em mim. Ele tem algo a ver com
Namecoin *(coinmarketcap.com/currencies/namecoin/)*
Central e CENTRAL ELECTRONIC MARKET EXCHANGE,
INC.
*(https://beta.companieshouse.gov.uk/officers/XInFGMmaEj8OhZ
hJHXTrE2cIVRM/appointments)*

E a Rússia surge novamente. O líder do nosso gráfico
está associado a um certo Kirill Temnenkov
(KirillTemnenkov@gmail.com, KirillT@gmail.com ) que,
por sua vez, se vincula à bolsa que mencionamos um
pouco antes - BTC-E. Se este cara é um super ativista de
Bitcoin da Rússia, talvez ele seja Aleksey, um parceiro
de Vinnik?

E agora nem me pergunte como encontrei os seguintes fatos. Mano, eu entendo que você esteja morrendo de vontade de saber, mas não posso revelar todas as minhas fontes. Então, aqui você tem três carteiras Bitcoin de Alexx Saver:

Vejamos as transações de cada uma destas carteiras. A primeira é 1EPNVhKEmk6eQJtpnkYJnk5yyMnGR2KbpZ . A última transação nesta carteira foi realizada em 19 de janeiro de 2011. O número total de transações é duas, enquanto o número total de bitcoins recebidas é de 700. Vamos seguir estas bitcoins via blockchain:

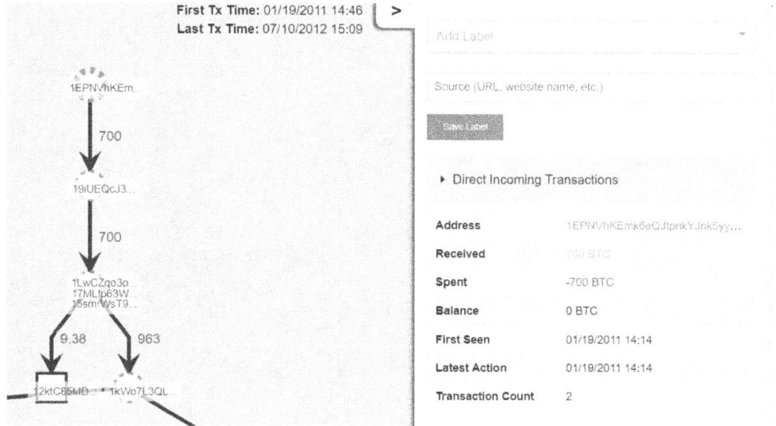


É um ponto de partida.

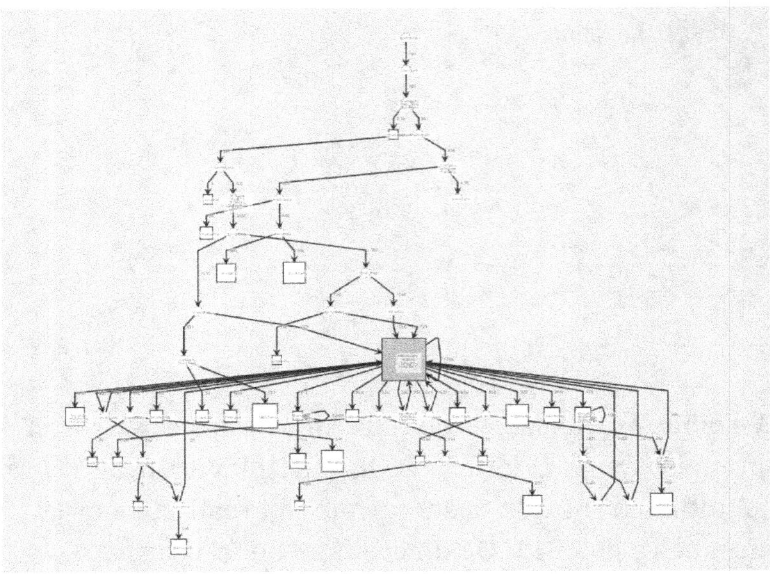

É um caminho de moedas.

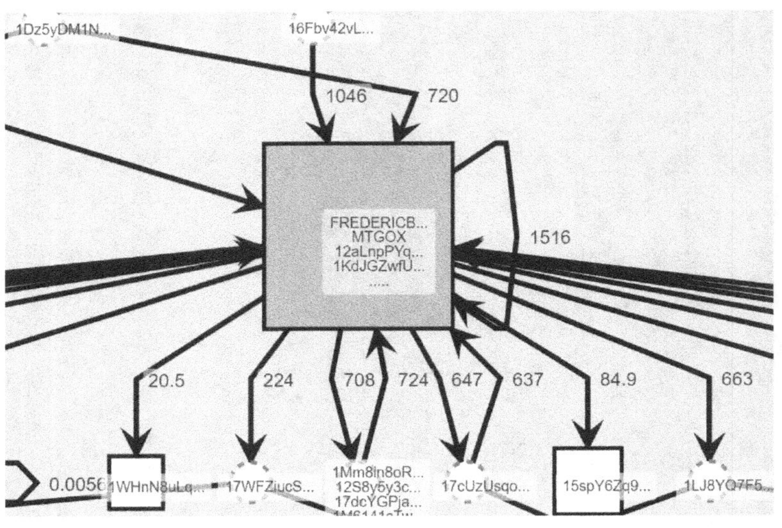

E aqui temos um destino. Curiosamente, o objetivo final
é a carteira de Frederic Bastiat na MTGOX!
A segunda carteira de Alex é
1inux7eD8H13GrvBvdPjUbW7oSz8osgD8 . A última
transação nesta carteira foi feita em 7 de março de
2017.

E a terceira carteira de Alex é
1inux6wWiTBsQwU3pPG856rSvPVi8evX4 . Encontrei
devido à semelhança de nomes entre as transações na
carteira acima. A última transação nesta carteira foi
feita em 7 de março de 2017.

A propósito, você pode encontrar muitas transações
pequenas e recorrentes nas outras duas carteiras. Você
se lembra do que eles significam?

E mais uma coisa. Eu descobri que nosso Alex é um dos
desenvolvedores do Bitmessage.org (um programa
gratuito para troca de mensagens criptografadas entre
dois ou mais usuários). É o seu repositório github
*(github.com/lzsaver)* relevante.

*AÍ VEM JOHN DOES*

Você não poderia ter uma memória tão ruim para
esquecer como a família de médicos estava processando
a perda de muito dinheiro com a MtGOX. Então, algumas
outras entidades legais estavam nos arquivos do caso.
Para completar o quadro, vou falar sobre eles:

A MUTUM SIGULUM LLC era uma espécie de gateway *(bitcointalk.org/index.php?topic=13547.0)*, através do qual o dinheiro era transferido para a MtGOX.

CODE COLLECTIVE LLC é uma empresa *(http://code-collective.cc/)* localizada em Nova York e gerenciada por um professor de ascendência chinesa, Wendy W Fok. Ela é, na verdade, uma arquiteta / designer *(https://twitter.com/WendyWFok/)*. Então, o que esta empresa faz? Escreve códigos para redes neurais e designs de sites. Não há conexão direta entre CODE COLECTIVE e MtGOX, mas, para mim, isso parece suspeito. Eu não descarto que estes caras tenham feito um site para a MtGOX!

"John Does" é um nome para pessoas ainda desconhecidas envolvidas no caso. Existem cinco pessoas assim no caso dos médicos vs MtGOX.

E agora vamos tentar tirar conclusões de toda a loucura paranóica que descrevi na presente seção. Se você reunir todas estas pessoas em um sistema, obterá a seguinte "árvore da coincidência":

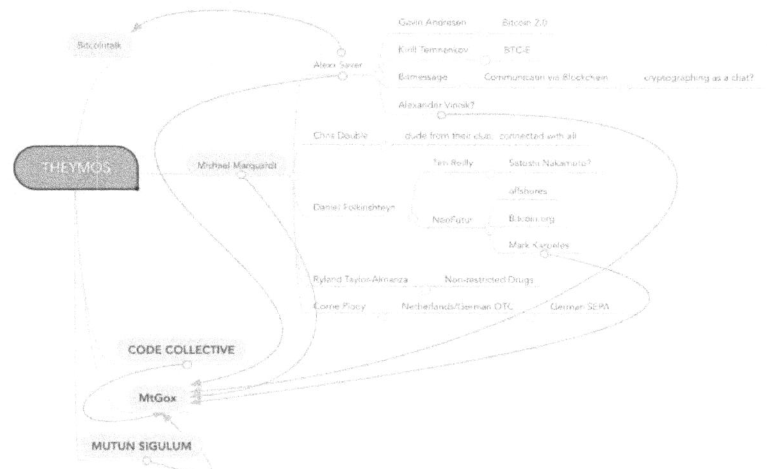

Theymos investiu na MtGOX, esteve envolvida nos processos no caso MtGOX e no caso Bitcoin.org. Theymos está associada a Daniel Folkenshteyn (autor de muitos trabalhos científicos muito semelhantes aos livros de Satoshi Nakamoto), e ele, por sua vez, se mistura com a NeoFutur e, por meio dela, se vincula a off-shores e Mark Karpeles.

Acredita-se que Theymos também esteja relacionada com a agência European OTC, com acesso ao setor bancário e à SEPA.

Alexx Saver (como Theymos) é um dos administradores de Bitcointalk. Ele é amigo de Kirill Temnenkov, que está associado ao BTC-E. Deixe-me lembrá-lo de que Alexander Vinnik (o criador do BTC-E) tinha um colega Aleksey, que poderia ajudá-lo a invadir a MtGOX. Talvez, ele seja o nosso Alexx Saver?

O mesmo Alex deixou rastros na blockchain, graças ao qual chegamos à MtGOX, um certo Frederic Bastiat e microtransações.

Como você vê este quebra-cabeça? Você quer se matar? Eu também! Encontramos muitas informações, mas como vamos sistematizá-las?

# Capítulo 5. Quem são as baleias e como enfrentá-las?

Se você já está cansado da repetição frequente de palavras como MtGOX, BTC-E, THEYMOS, e outras, dê um suspiro de alívio, pois vou mencioná-las menos (ou não mencionar, vou ver). De fato, ainda tenho muitas evidências de microtransações na blockchain que servem como um tipo de sinal para aumentar ou diminuir o preço da Bitcoin, mas não colocarei todas as minhas cartas na mesa agora. Estou aguardando seu feedback, meu caro leitor (sim, de você), sobre esta investigação e se devo continuar. Se este livro tiver um bom retorno com você, eu o atualizarei (quase chorei com minhas palavras, risos).

Então, dedico esta seção às baleias. Não para aquelas criaturas doces nadando no oceano, mas para as feias e astuciosas que vivem entre nós. Ugh. Talvez, esta seção finalmente destrua sua fé no futuro brilhante da criptomoeda, mas não é minha culpa, mano.

Então, se você decidiu que as baleias no mercado de criptomoedas são um certo John, Chris ou Michael, você está enganado. São as bolsas as baleias no mercado de criptomoedas. Acontece que você lida com estas baleias todos os dias (Binance, Poloniex, Bittrex, Bitfinex e outros lixos), você as visita, mas não sabe quem elas são. Como?

Tia Wikipedia_ *(en.wikipedia.org/wiki/Cryptocurrency_exchange)_*contará a você sobre cada bolsa, seu criador, volumes diários, etc., e eu persigo outros objetivos.

**Diga-me, por favor:** você já se perguntou por que 99,9% das altcoins podem ser vendidas ou compradas nas bolsas apenas por Bitcoin? A resposta é simples: é fácil ter uma alavanca de controle para cotações (ou seja, preços). Suponha que você queira trocar Dogecoin por dinheiro fiduciário, você se importará com Bitcoin? Quebra tudo! Você fará uma troca direta e não dará a mínima para o preço da Bitcoin. No entanto, se você quiser comprar chiclete  e tiver apenas algum tipo de Siacoin em sua carteira de criptografia, precisará comprar Bitcoin primeiro, depois trocá-la por dinheiro fiduciário e só então poderá comprar seu chiclete, caramba !!! Entendeu o quadro geral de uma situação insana em que fomos forçados?

Portanto, com certeza, todo o movimento no mercado continuará a envolver Bitcoin, caso contrário (no caso de introdução de pares diretos nas bolsas), o interesse em Bitcoin cairá, enquanto o interesse no dinheiro fiduciário crescerá.

Por exemplo, o USDT se torna muito mais rentável que Bitcoin. E o que todo mundo fará neste caso? Venderá Bitcoin, em busca de moeda fiduciária.

Somente as bolsas podem dar às pessoas pares diretos. E quem são as bolsas?
É isso mesmo, são as baleias. Portanto, fica claro por que não devemos esperar por pares. Nunca (RIP).

**Agora, me diga mais uma coisa**: por que diferentes estados e vários órgãos reguladores (por exemplo, a SEC) fazem constantes tentativas de causar algum dano às bolsas de criptomoedas? **E mais uma pergunta**: por que todas as bolsas do mercado de ações passam, obrigatoriamente, pelo procedimento internacional de licenciamento? Se alguma bolsa de valores se atreve a violar uma regra, especialmente em relação a manipulações, em alguns minutos um funcionário da SEC bate à porta do escritório do CEO e diz: "Deixe o mercado, você está eliminado."

O fato é que os caras que trabalham lá (na supervisão financeira do estado!) entendem perfeitamente (obviamente, diferente de você e eu) todo tipo de brincadeira no mercado e como isso afeta os preços, os traders e assim por diante.É por isso que todas as bolsas são controladas.

Não tenha ilusões de que a SEC controla as trocas porque se esforça para proteger meus ou seus direitos.

Eles francamente não se importam. Mas eles se preocupam com os fundos de hedge que investem em criptomoedas, com medo de enfrentar uma nova crise de 2008 no mercado de ações. Agora, o dinheiro dos fundos de hedge não está no mundo real, mas no virtual (estou falando sobre blockchain, só para você saber).

E o que é uma blockchain? Oh, aqui vamos nós", você pensou. Não se preocupe, mano, eu quero falar sobre outra coisa. Muitas pessoas vêem blockchain como a salvação universal, onde reina o anonimato e a ausência de controle do governo.
As pessoas vivem com este pensamento há muitos anos, esperando que, agora, ninguém interfira em suas vidas e elas próprias governem na blockchain. Mas a realidade é que os governantes ainda estão lá. Não são os governos, mas as baleias governam. Portanto, elas continuarão a dificultar a atividade das agências governamentais: se esconder em empresas offshore, realocar hostings etc.

**Aqui está a próxima pergunta**: os meninos ricos já ganharam muito dinheiro, então por que eles deveriam continuar manipulando o mercado? Para responder a essa pergunta, sugiro pensar em sobre na seguinte situação. Vamos imaginar que você tem US $ 500 milhões (você imagina?), Você decidiu comprar Bitcoin com este dinheiro. Se o preço da Bitcoin for US $ 8.000, você comprará BTC 62.500. Mas você tem duas opções:

- Você pode comprar sozinho todas as "profundezas do mercado" em todas as trocas (e aumentar o preço da Bitcoin até a lua)
- Você pode negociar com as baleias e entrar no mercado de balcão, para poder comprar Bitcoin sem afetar seu preço.

Duvido que você não prefira a segunda opção. Portanto, você se familiariza com grandes detentores de Bitcoin e começa a barganhar: um oferece comprar moedas pelo preço de troca, outro oferece um desconto de 7% e o terceiro promete um desconto de 8,5%, mas alerta que haverá uma queda no mercado primeiro e o mesmo depois retomará seu curso natural. Você está interessado no último cara, é lógico. É assim que a sua transação vai parecer: você paga seus US $ 500 milhões por BTC 68.306, à taxa de US $ 8.000, com um desconto de 8,5% (8.000 a 8,5% = 7.320).

Muito bem, mano, você fez um bom negócio. Mas você já se perguntou o que acontece neste momento com o cara que lhe vendeu Bitcoin? BTC 68.306 foi retirado dele a um preço de US $ 8.000 por Bitcoin, totalizando US$ 546.448.000. A perda dele é de US $ 46.448 milhões. Apesar desta difícil situação, este cara não está tão desesperado porque é uma baleia, o que significa que ele tem uma uma bolsa. E quanto a esta troca? Há uma multidão de hamsters lá! Você me compreende? Ele investirá cerca de US $ 3 milhões na queda de preço, reduzindo-o em 8,5% (talvez até mais), comprando estas moedas a um preço baixo e não apenas cobrindo suas perdas, mas possivelmente até obtendo lucro.

Agora você pode novamente se perguntar a questão acima mencionada (estas manipulações vão parar?) Uma pessoa não tem senso de proporção, independentemente de nacionalidade, religião etc. Se as pessoas puderem ganhar dinheiro, elas o farão. Então, minha profecia é: AS MANIPULAÇÕES NUNCA PARARÃO.

**E a última pergunta,** pessoal: o que devemos fazer nesta situação suja? Minha resposta é: adaptar-se a esse mercado.

Agora vou lhe revelar o segredo dos segredos. Se você se beneficiar disso, lembre-se de mim pelo menos às vezes com boas bênçãos :)

Então, você pode usar um bug na blockchain, a saber, as estatísticas de transações abertas. Aqui está o link *(bitinfocharts.com/top-100-richest-bitcoin-addresses.html)* onde você pode encontrar todas as principais carteiras de Bitcoin. Você entende o que deve fazer com esta informação? Observe as transações e você poderá prever as próximas manipulações de mercado.

Se se aproximar da prática, meu conselho, então, é não esperar por novos pares de altcoin / fiat (um ou dois podem ser adicionados por ano, mas a tal ritmo, continuará até o fim do mundo). Todas as operações continuarão a envolver Bitcoin e serão mais manipuladas.

Algumas dicas mais:
- Sempre coloque ordens de parada na bolsa
- Não compre muitas altcoins, escolha uma pequena quantidade e negocie-as
- Negocie ativamente quando os preços do Bitcoin estiverem baixos
- Mude para moeda fiduciária se sentir que algo está errado.

Aqueles que não querem se preocupar com trading podem tentar um investimento a longo prazo. É um negócio menos estressante.

# Capítulo 6. USDT

Alguns especialistas em criptomoeda chamam 2019 de o ano de stablecoins / moedas estáveis *(en.wikipedia.org/wiki/Stablecoin)*. Você sabe o que é isto? É um tipo de criptomoeda ligada a uma moeda ou mercadoria usual. Por que essas stablecoins são tão legais e por que elas estão sendo consideradas como muito procuradas? A volatilidade louca da Bitcoin e outras criptomoedas apenas irrita os caras do mercado. E quanto a você? É assim que eles querem resolver o problema de flutuações inadequadas de preços, sendo você hoje um milionário e amanhã um mendigo.

Por que eu digo isto? Tento explicar por que escolhi a USDT como o tópico da última seção (um bônus, se você preferir). Primeiro de tudo, a USDT é uma stablecoin e, segundo, este negócio chamado "USDT" é bastante suspeito.

Você está pronto para uma nova investigação? Vamos lá! Vou começar com as coisas curiosas:

- Se você ainda não sabe, a Tether Limited e a Bitfinex são escritórios diferentes apenas na letra da lei, quando. na verdade, são uma única coisa;
- Depois que a Bitfinex retirou a USDT da bolsa Binance (apesar da possibilidade de arbitrar a

diferença de preço entre BTC / USD e BTC / USDT), ganhou uma quantia considerável em dinheiro, através de fraude com USDT e dólar fiduciário.

## Whitepaper / Documento Técnico

Obviamente, devemos começar a aprofundar esse tópico desde suas origens, a saber, o Whitepaper/Documento USDT *(https://tether.to/wp-content/uploads/2016/06/TetherWhitePaper.pdf)*. Lá você encontra um esquema segundo o qual a USDT deveria circular:

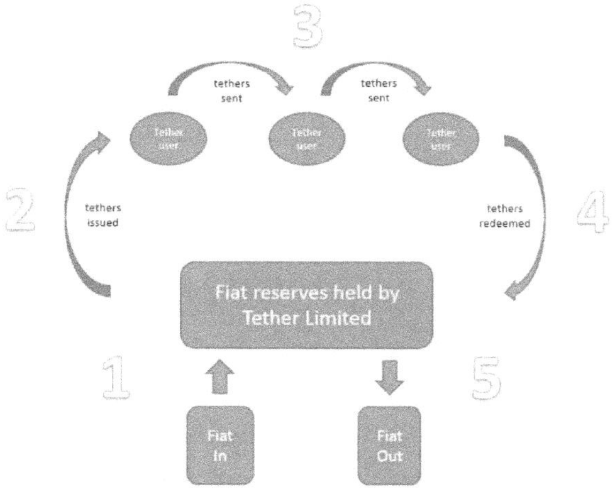


Se apresentarmos estas informações na forma de uma lista de itens, ficará assim:

- Moeda fiduciária é depositada em uma conta bancária da Tether Limited

- A Tether desembolsa um empréstimo equivalente ao valor do depósito (se você depositar US $ 100 reais, obterá virtual USDT 100)
- A USDT recebida é transferida para uma pessoa que depositou a moeda fiduciária
- Bem, se você precisar de moeda fiduciária, você deposita suas USDT na Tether Limited e obtém uma soma de moeda fiduciária equivalente às USDT.
- mais interessante é que a USDT retornada ao Tesouro da Tether foi completamente destruída.
- Se você precisar de um novo depósito fiduciário, novos tokens USDT serão criados para esta finalidade
- Outra maneira de obter USDT (exceto a Tether Limited) é negociar; este dinheiro também pode ser sacado em forma de moeda fiduciária.

Tudo parece bem simples e decente à primeira vista. Mas essa impressão é enganosa, meu amigo. Você não está incomodado com o ponto sobre a destruição da USDT devolvido? O fato é que a tesouraria/Treasury USDT não é um "repositório", os tokens enviados para lá devem ser subsequentemente destruídos, uma vez que o envio de USDT ao Treasury é tratado como descontar a USDT.

# PRINCIPAIS CARTEIRAS USDT

As principais carteiras desta entidade são:

- "Printer/Impressora" da USDT e a carteira principal do emissor
  3MbYQMMmSkC3AgWkj9FMo5LsPTW1zBTwXL
- Novo "Tesoureiro/Treasury" ou Tesouraria/Treasury do Tether
  1NTMakcgVwQpMdGxRQnFKyb3G1FAJysSfz
- Antigo ""Tesoureiro/Treasury"" ou Tesouraria/Treasury do Tether 2
  3BbDtxBSjgfTRxaBUgR2JACWRukLKtZdiQ
- Carteira Bitfinex
  1KYiKJEfdJtap9QX2v9BXJMpz2SfU4pgZw
- Carteira Binance No.1
  1KQ4DHSvR4zN5ZEQS9SfV71DK5rwm529KG
- Carteira Binance No.2
  1FoWyxwPXuj4C6abqwhjDWdz6D4PZgYRjA
- Carteira Huobi No.1
  1LAnF8h3qMGx3TSwNUHVneBZUEpwE4gu3D
- Carteira Huobi No.2
  168o1kqNquEJeR9vosUB5fw4eAwcVAgh8P
- Carteira Bittrex
  1DUb2YYbQA1jjaNYzVXLZ7ZioEhLXtbUru
- Carteira Poloniex
  1Po1oWkD2LmodfkBYiAktwh76vkF93LKnh

Resumi os saldos de todas estas principais carteiras do USDT em uma tabela (mas não esqueça que os números eram verdadeiros no momento da redação deste capítulo):

| Wallet | Amount of USDT | USDT/USD rate | Amount is USD |
| --- | --- | --- | --- |
| "Printer" USDT | 0,00 | | 0,00 |
| Tether Treasury (old) | 0,00 | | 0,00 |
| Tether Treasury (new) | 966 678 763,48 | | 953 573 499,48 |
| Bitfinex Wallet | 36 208 812,56 | | 35 717 929,69 |
| Binance #1 Wallet | 593 591 062,91 | 0,986443 | 585 543 748,87 |
| Binance #2 Wallet | 100 942 372,64 | | 99 573 896,89 |
| Huobi #1 Wallet | 93 274 462,28 | | 92 009 940,39 |
| Huobi #2 Wallet | 42 272 049,09 | | 41 698 966,92 |
| Bittrex Wallet | 129 418 522,53 | | 127 663 995,62 |
| Poloniex #1 Wallet | 3 310 444,30 | | 3 265 564,61 |
| Total | 1 965 696 489,79 | | 1 939 047 542,48 |
| Tether Treasury from total | 966 678 763,48 | 49,18% | 953 573 499,48 |
| On exchanges from total | 999 017 726,31 | 50,82% | 985 474 042,99 |

Toda USDT é distribuída de uma maneira muito interessante, você consegue ver?

Deve ter acontecido por acaso! Sim, eu digo, é uma coincidência)

Aqui estão os dados da USDT neste momento (você pode verificar as informações mais recentes em coinmarketcap.com).

Se nos propusermos a tarefa de juntar as duas "fotos" acima, obteremos a contabilidade global da USDT:

| Location | Amount of USDT | USDT/USD rate | Amount in USD | % |
|---|---|---|---|---|
| Total amount of USDT | 3 080 109 502,00 | | 3 038 352 457,48 | 100,00% |
| Tether Limited Treasury | 966 678 763,48 | | 953 573 499,48 | 31,38% |
| Frozen USDT | 35 949 980,00 | | 35 462 806,12 | 1,17% |
| Destroyed USDT | 30 000 000,00 | 0.986443 | 29 593 290,00 | 0,97% |
| Out of turnover | 21 059 022,52 | | 20 773 525,35 | 0,68% |
| Amount in circulation | 2 026 421 736,00 | | 1 998 949 536,53 | 65,79% |
| On the exchanges | 999 017 726,31 | | 985 474 042,99 | 32,43% |
| On the wallets of network users & other exchanges | 1 027 404 009,69 | | 1 013 475 493,53 | 33,36% |

A diferença nos dados sobre a quantidade total de USDT e sua quantidade em circulação, indicada no site coinmarketcap.com, é óbvia. A diferença consiste em USDT $ 966,68 milhões na Tesouraria (USDT congelada e destruída) e USDT 21 milhões em volume de negócios (e eu nem sei que tipo de grupo é).

Se não analisarmos este esquema, parece bom: um terço está na Tesouraria, um terço está em uma das bolsas da lista (mostradas nas carteiras principais) e outro terço nas carteiras de usuários da rede e outras bolsas. Até o momento, 31,38% da USDT impressa foi retirado de circulação. Eu acho que é o único precedente na história de toda a existência dessa entidade chamada "USDT". Além disso, desde 1º de setembro de 2018, essas transferências da Bitfinex para Tesouraria e vice-versa são observadas:

| Transfers | Amount of USDT |
|---|---|
| Transfer from Bitfinex to USDT-Treasury | 885 718 600,00 |
| Transfer from USDT-Treasury to Bitfinex | -150 000 000,00 |
| Total | 735 718 600,00 |

Assim, de US $ 966,68 milhões na Tesouraria, pelo menos US $ 735,72 milhões vieram da Bitfinex, representando cerca de 76% do volume total lá armazenado.

*PRENSA DE IMPRESSÃO*

Estou certo de que cada um de vocês, pelo menos uma vez na vida, usou a analogia entre o trabalho da rede USDT e a prensa de impressão. Isso também é verdade para mim) A carteira 3MbYQMMmSkC3AgWkj9FMo5LsPTW1zBTwXL executa esta função nesta entidade.É esta carteira que imprime e destrói tokens USDT.

A última transação desta carteira (lembre-se: a última no momento da redação deste livro) foi realizada em 29 de setembro de 2018.

Um total de 100 dólares foram transferidos.

Ao mesmo tempo, o último lote de tokens USDT foi "impresso" em 25 de junho de 2018.

Um ponto é que essa carteira não apenas imprime tokens, mas também os destrói (o processo de destruição é chamado de "Revogar Tokens de Propriedade"). Assim, se vemos a destruição, podemos obter informações sobre a retirada de moeda fiduciária das contas bancárias da Tether Limited.

Acontece que apenas uma vez (31 de janeiro de 2018) destruiu USDT 30 milhões, durante toda a existência desta "prensa de impressão".

Os tokens foram destruídos apenas uma vez, mas foram "congelados" várias vezes:

| FREEZE USDT | |
| --- | --- |
| Date | Amount of USDT |
| 23.10.2018 | 960 000,00 |
| 23.10.2018 | 1 060 000,00 |
| 09.10.2018 | 2 039 980,00 |
| 24.09.2018 | 940 000,00 |
| 21.11.2017 | 30 950 000,00 |
| Total | 35 949 980,00 |

Se minha memória não me falhar, surgiram rumores, em setembro de 2018, de que vulnerabilidade foi encontrada na rede USDT. A onda cedeu e, rapidamente, esquecemos tudo, mas todos os tokens "congelados" em 2018 foram refletidos na rede USDT várias vezes, e isto se assemelha a um "gasto duplo", não é?

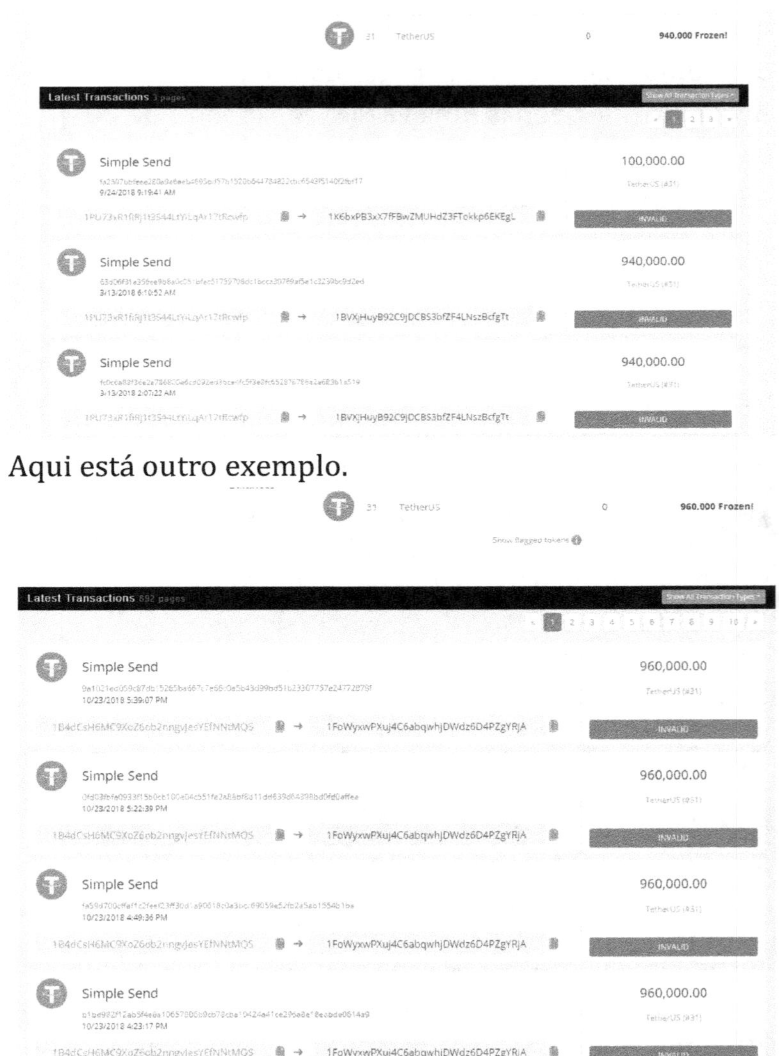

Aqui está outro exemplo.

E aqui você tem uma lista das carteiras com tokens "congelados":

- 30 950 000 USDT (sem gasto duplo)
- 940 000 USDT (potencial gasto duplo)
- 2 039 980 USDT (potencial gasto duplo)
- 1 060 000 USDT (potencial gasto duplo)
- 960 000 USDT (potencial gasto duplo)

É muito estranho que apenas 1% das USDT (30 milhões, da tesouraria total de 3 bilhões) tenha sido realmente retirado, descontado e destruído na rede USDT antes, durante e depois da subida acelerada Bitcoin, no valor de US $ 20.000. É verdade que ninguém retirou nada? Também é estranho que o código USDT tenha sido alegadamente hackeado e, ao mesmo tempo, tenha havido um "congelamento" de um total de USDT 4.999.980 (o congelamento não envolveu US $ 30.950.000 que não é acompanhado por transações estranhas) . Acontece que eles congelaram USDT 5 milhões e, em seguida, surgiram rumores de que a rede havia sido invadida. Gostaria de saber se a vulnerabilidade já foi removida ou, talvez, nada tenha sido mesmo hackeado?

## GANHANDO DINHEIRO SEM BITCOIN

Ao investigar este tópico, outra questão chamou minha atenção: como os funcionários da equipe Treasury + Bitfinex + Binance + equipe ganharam dinheiro com a retirada da USDT da bolsa Binance e sem levar em conta a possibilidade de arbitragem da Bitcoin entre o BTC / USD e o BTC / USDT .

Vejamos a tabela de preços USDT / USD na bolsa Kraken:

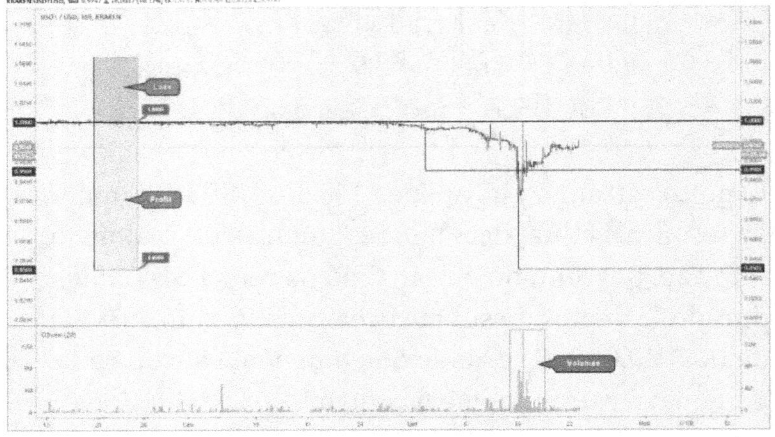


E agora vamos relembrar um pouco o que escrevi acima: de acordo com o esquema de circulação do WhitePaper e do USDT, você precisa ter algum USDT na Tesouraria Tether para obter alguns dólares fiduciários em sua conta bancária. Ao mesmo tempo, estas USDT devem ser destruídas através de Revogar Tokens de Propriedade.

Agora, volto sua atenção para os volumes (indicados pelo número 2) durante o outono após a exclusão da lista (figura 1):

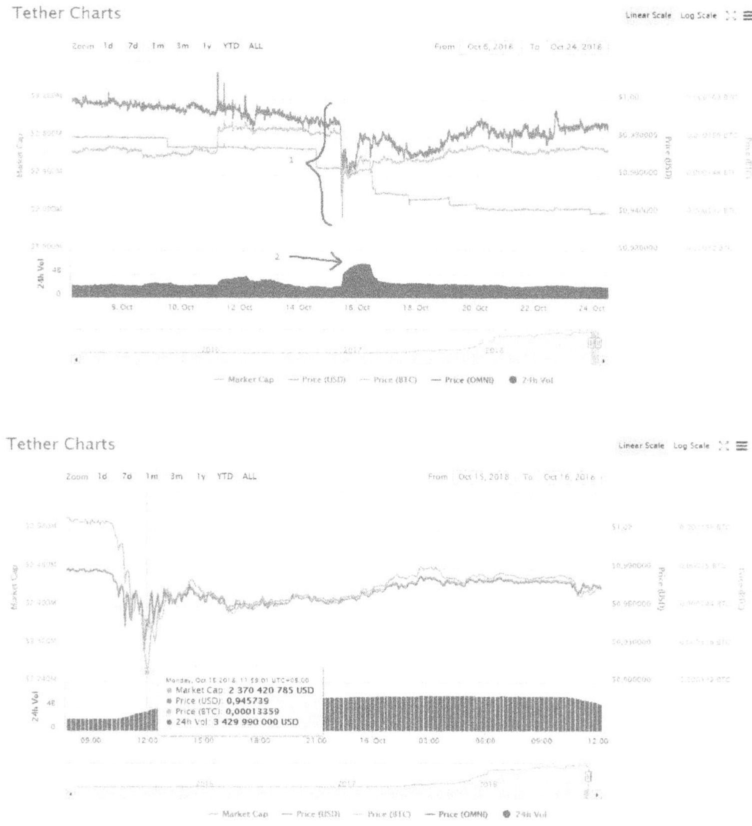

Agora veja a história mais recente da USDT em números:

| Date | Open* | High | Low | Close** | Volume | Market Cap |
|---|---|---|---|---|---|---|
| Oct 23, 2018 | 0,984913 | 0,990374 | 0,982528 | 0,987962 | 2 111 740 000 | 2 045 094 991 |
| Oct 22, 2018 | 0,985726 | 0,995210 | 0,976333 | 0,983998 | 2 213 350 000 | 2 046 782 394 |
| Oct 21, 2018 | 0,984348 | 0,988954 | 0,974997 | 0,983548 | 2 188 330 000 | 2 043 920 962 |
| Oct 20, 2018 | 0,988241 | 0,990877 | 0,977601 | 0,983831 | 2 094 040 000 | 2 052 004 385 |
| Oct 19, 2018 | 0,981291 | 0,989284 | 0,978021 | 0,987712 | 2 322 570 000 | 2 086 639 263 |
| Oct 18, 2018 | 0,972522 | 0,985084 | 0,967321 | 0,980858 | 2 485 030 000 | 2 145 792 803 |
| Oct 17, 2018 | 0,977078 | 0,978690 | 0,966323 | 0,971225 | 2 569 210 000 | 2 204 699 680 |
| Oct 16, 2018 | 0,979243 | 0,985358 | 0,969406 | 0,975152 | 2 585 550 000 | 2 454 395 592 |
| Oct 15, 2018 | 0,993084 | 0,993084 | 0,925284 | 0,980138 | 5 891 700 000 | 2 489 087 954 |
| Oct 14, 2018 | 0,987869 | 0,995905 | 0,984209 | 0,989570 | 2 008 170 000 | 2 673 590 361 |
| Oct 13, 2018 | 0,995036 | 0,995455 | 0,984940 | 0,988046 | 1 961 540 000 | 2 692 987 558 |
| Oct 12, 2018 | 0,998704 | 0,998704 | 0,983670 | 0,994102 | 2 962 380 000 | 2 702 915 064 |
| Oct 11, 2018 | 0,992934 | 1,02 | 0,987252 | 0,993026 | 3 772 600 000 | 2 687 298 290 |
| Oct 10, 2018 | 0,995332 | 1,00 | 0,990803 | 0,993502 | 2 295 300 000 | 2 693 788 327 |

Se você alterar levemente os dados históricos, poderá obter o seguinte:

| Date | Open price | High price | Low price | Close price | Average price(1) | Volume | Capitalization | Market Cap DELTA (2) | Potential profit (3) |
|---|---|---|---|---|---|---|---|---|---|
| Oct 20, 2018 | 0,99 | 0,99 | 0,98 | 0,98 | 0,99 | 2 094 040 000,00 | 2 052 004 385,00 | -34 634 878,00 | 31 122 669,50 |
| Oct 19, 2018 | 0,98 | 0,99 | 0,98 | 0,99 | 0,98 | 2 322 570 000,00 | 2 086 639 263,00 | -59 153 540,00 | 36 982 282,11 |
| Oct 18, 2018 | 0,97 | 0,99 | 0,97 | 0,98 | 0,98 | 2 485 030 000,00 | 2 145 792 803,00 | -58 906 877,00 | 58 531 775,36 |
| Oct 17, 2018 | 0,98 | 0,98 | 0,97 | 0,97 | 0,97 | 2 569 210 000,00 | 2 204 699 680,00 | -249 695 912,00 | 68 523 389,91 |
| Oct 16, 2018 | 0,98 | 0,99 | 0,97 | 0,98 | 0,98 | 2 585 550 000,00 | 2 454 395 592,00 | -34 692 362,00 | 58 718 486,89 |
| Oct 15, 2018 | 0,99 | 0,99 | 0,93 | 0,98 | 0,97 | 5 891 700 000,00 | 2 489 087 954,00 | -184 502 407,00 | 159 679 799,25 |
| Oct 14, 2018 | 0,99 | 1,00 | 0,98 | 0,99 | 0,99 | 2 008 170 000,00 | 2 673 590 361,00 | -19 397 197,00 | 21 310 198,00 |
| Oct 13, 2018 | 1,00 | 1,00 | 0,98 | 0,99 | 0,99 | 1 961 540 000,00 | 2 692 987 558,00 | | |
| Total | 0,98 | 0,99 | 0,97 | 0,98 | 0,98 | 21 917 810 000,00 | 18 799 197 596,00 | -640 983 173,00 | 434 868 611,02 |

Como eu fiz estes cálculos? Primeiro, calculei um preço médio ao comparar os indicadores do dia Aberto / Alto / Baixo / Fechado. Segundo, calculei o delta (variação) na quantidade de USDT no mercado. Terceiro, calculei o "lucro potencial" se alguém comprasse USDT barato e vendesse por US $ 1 através da Tether Limited, como diz o Whitepaper.

Acontece que é possível retirar US $ 434,9 milhões em lucro líquido de todo o mercado, mas a quantidade de USDT diminuiu para cerca de 641 milhões.

Aqui estão as transferências da Bitfinex para o Tether Treasury de 14 a 20 de outubro de 2018, totalizando USD 680 milhões:

| Date | Transfers of USDT from Bitfinex to Tether Treasury |
| --- | --- |
| 14.10.2018 | 200 000 000,00 |
| 16.10.2018 | 250 000 000,00 |
| 17.10.2018 | 50 000 000,00 |
| 18.10.2018 | 50 000 000,00 |
| 19.10.2018 | 80 000 000,00 |
| 20.10.2018 | 50 000 000,00 |
| | 680 000 000,00 |

Pessoalmente, não entendo por que existe essa discrepância: 680 milhões e 641 milhões. O que quer que seja, existe algo mais interessante. Se assumirmos que o lucro líquido deve ser calculado a partir dos 680 milhões retornados, estamos falando de (680.000.000 / 0,98) - 680.000.000 = 13.900.000 USD.

O resultado parece muito legal, concordo. Mas tenho certeza que os caras ganharam muito mais dinheiro.

# Conclusões

Só posso dizer uma coisa: você, meu querido leitor, como sempre tem o direito de acreditar na minha investigação ou queimar o livro (ou jogar fora o seu leitor de e-books, LOL).

Embora meus cálculos sejam aproximados, o fato principal não pode ser rejeitado - alguns caras ganharam muito dinheiro com a entrada de todas as criptomoedas para a USDT. E esse montante não é de 13,9 milhões de dólares.

Na minha opinião, Bitfinex e Binance planejaram esse desempenho. E se tudo estiver limpo com a Bitfinex, duas coisas apontam para a Binance: a) os rumores de exclusão do USDT surgiram na Binance; b) A Binance já tinha o TrueUSD (TUSD), ao qual ninguém prestou atenção até outubro de 2018.

Agora, vamos reunir nossas conclusões e pensamentos:

• Como o Whitepaper USDT diz, os novos tokens são impressos somente após o recebimento de um depósito em moeda corrente em uma conta bancária e são destruídos quando a moeda é retirada de uma conta bancária.

• Os depósitos e saques de moeda fiduciária ocorreram de fato

• Enquanto isso, Revogar Tokens de Propriedade (ou destruição) com validade eterna afetou apenas USDT 30 milhões (é uma quantia muito pequena, mano).

Estou certo de que a soma das USDT destruídas não é igual à soma de moeda fiduciária retirada das contas bancárias da Tether Limited

• Eu suponho que todos os tokens USDT, que deveriam ter sido destruídos após a retirada da moeda fiduciária, foram devolvidos à Bitfinex. Ou seja, este dinheiro não é suportado por nada, implicando a natureza distorcida de uma "entidade" USDT, escândalos envolvendo auditores, etc;

• A Baleia Bitfinex usou este dinheiro grátis para comprar Bitcoin.

Ninguém descobriu sobre isto, porque todas as bolsas centralizadas (existe outro tipo, mano?) funcionam sob um algoritmo que implica que ninguém pode descobrir o que está acontecendo dentro da própria bolsa. Mas o USDT se torna necessário quando você vende Bitcoin por USDT e deseja sacar esta USDT

• Mas com o que a baleia Bitfinex acabou? USDT "de mentira" se espalharam no mercado, o que significa que uma tarefa apareceu, a de recuperá-los. E quando deveria ser feito? Obviamente, no final do nosso triângulo favorito (os especialistas em análise técnica entenderão), que começou a partir de 20.000.

Foi quando a "exclusão de registro" aconteceu

• Até o momento, cerca de US $ 967 milhões foram devolvidos ao Tether Treasury (e tenho certeza de que muito mais será devolvido). Também poderia afetar o mercado, certo? Em uma palavra, é mais provável que seja apenas parte de uma grande estratégia (se é que posso chamar esta conspiração de "estratégia"). No início, os caras organizaram um reforço de Bitcoin às custas da USDT e, em seguida, usando a USDT "revogada", que não era lastreada em moeda fiduciária, compraram Bitcoin pelo menor preço. O que esperar na sequência?

Eu acho que devemos esperar uma nova onda de exageros e promoção, porque o triângulo está quase no fim, as baixas da Bitcoin não podem durar para sempre e os caras estão tentando lidar com uma situação com a ajuda da USDT não lastreada. Portanto, vamos nos preparar para o crescimento desencadeado por notícias sobre tipos de ETF, Bakkt, etc.

# Sobre o Autor

Alan T. Norman é um hacker ético, esclarecido e orgulhoso, da cidade de San Francisco. Depois de receber um bacharelado em ciências na Universidade de Stanford. Alan agora trabalha para uma empresa de tecnologia da informação de tamanho médio no coração da SFC. Ele aspira a trabalhar para o governo dos Estados Unidos como um hacker de segurança, mas também adora ensinar aos outros sobre o futuro da tecnologia. Alan acredita firmemente que o futuro dependerá fortemente de "geeks" de computador, tanto para a segurança quanto para o sucesso de empresas e futuros empregos. Em seu tempo livre, ele gosta de analisar e examinar tudo sobre o jogo de basquete.

*MASTERING BITCOIN FOR STARTERS / DOMINAR A BITCOIN PARA PRINCIPIANTES*

https://geni.us/bitcoin-pt

*A BÍBLIA DO INVESTIMENTO EM CRIPTOMOEDA: O GUIA DEFINITIVO SOBRE COMO INVESTIR EM CRIPTOMOEDAS*

https://geni.us/cripto-biblia

*BLOCKCHAIN TECHNOLOGY EXPLAINED / TECNOLOGIA BLOCKCHAIN EXPLICADA*

https://geni.us/blockchain-es

*CRYPTOTRADING PRO: / NEGOCIAÇÃO DE CRYPTOMOEDA PRÓ*

https://geni.us/crypto-pt

*GUIA PARA INICIANTES EM HACKING DE COMPUTADORES*

https://geni.us/hacking-br

*HACKING: HOW TO MAKE YOUR OWN KEYLOGGER*

*HACKED: Kali Linux and Wireless Hacking Ultimate Guide / Guia definitivo sobre hacking em Kali Linux e sem fio*

https://geni.us/hackeado-es

## Uma Última Coisa...

*VOCÊ GOSTOU DESTE LIVRO?*

SE SIM, DEIXE-ME SABER, DEIXANDO UM COMENTÁRIO NA AMAZON!

Comentários são a força vital de autores independentes.

Eu apreciaria até só algumas palavras e uma classificação, se for tudo o que você tem tempo para fazer

SE VOCÊ NÃO GOSTOU DESTE LIVRO, ENTÃO, POR FAVOR,  ME DIGA!

Envie-me um e-mail para alannormanit@gmail.com e deixe-me saber o que você não gostou!

Talvez eu possa mudar isso.

No mundo de hoje, um livro não precisa ficar estagnado, ele pode melhorar com o tempo e com o feedback de leitores como você.

Você pode impactar este livro e agradecemos seus comentários.

Ajude a melhorar este livro para todos!